The Global Leader

［小説］

日本企業は中国企業にアジアで勝てるのか？

スウィングバイ代表取締役社長
海野 惠一

日本ビジネスプラン

前書き

この小説は香港と北京を舞台に日本企業が中国企業と戦い、勝つシナリオになっている。書いていく中で、何度も勝てない場面があった。今まで通りの日本企業の戦術であれ敗れていた。それをなんとしてでも勝とうという戦略を立てた。そのベースが「孫子の兵法」だ。今のビジネスマンは英語も中途半端であり、アジアでの戦いにおいて、日本的な考え方で進めているケースが多いのではないだろうか。

著者はアメリカの会社に32年働き、中国の家族と30年過ごして来た。米中の狭間での経験を踏まえて、この小説を書いた。日本人の「真面目」「正直」「勤勉」「嘘をつかない」性格ではアジアでは勝てない。嘘をつけと言っているのではない。嘘と見破れと言っている。日本人にはそれができない。その嘘を見破るテクニックがこの「孫子の兵法」だ。

この小説で「孫子の兵法」だけではなく、中国の儒学を勉強する必要があることも述べている。なぜその必要があるのかというと日本人のリーダーシップの根源はこの儒学にあるからだ。日本人は江戸時代までは藩校での勉学はこの儒学だった。老子が「無用の用」と言った言葉がそれだ。あえて学ぶ必要がないのだが、それがないと人間としての威厳がでない。人としての厚みがないということだ。知識だけではダメなのだ。

それが明治維新になって、国を挙げて富国強兵を唱え、こうしたリーダーシップの本質的な学習を日本人はやめてしまった。技術中心の学習に終始してしまった。それでもまだ、教育勅語が残っていたが、戦争に負けて、ＧＨＱによって廃止されてしまった。さらにWar Guild Information Programによって、日本人の矜持は全く排除されてしまった。すなわち日本人とは何かを捨てさせられてしまった。そうして戦後の70年が過ぎた。

日本の経済が人口の減少とともに、停滞していく中で、今一度、かっての日本人が持っていた矜持を取り戻す必要がある。それを意識して書いたのが、この小説である。以下がその章立てであるが、グローバルリーダーとは何かを定義している。今までの定義ではグローバルリーダーにはなれない。英語ができて、仕事ができて、海外に駐在しただけではダメなのである。それはなぜかはこの小説を読んでいただきたい。

さらに話をすすめて、主人公は勝つための作戦を徹底的に立てている。孫子のいう「廟算」だ。そうした上で、競争相手の中国企業のふところに飛び込んでいく。こうしたことは日本人はできない。さらに相手の信頼を得ていく。そうして、相手が信頼したら、相手の弱点を見つけ出す。ところが相手はそう簡単には日本企業との合意をしようとはしない。最後は主人公が今まで学んで来た儒学を述べることによって、相手の心を開かせるというシナリオだ。途中、様々な課題と問題が出てくる。それを主人公の佐々木は一つ一つ果敢に挑戦していく。

第5章　敵が自ら弱点を告白した。
第6章　合意の糸口が見えない。
第7章　敵の董事長が信用した。
第8章　勝負の結果を社長に報告する。

この小説は昨年8月に出版した「日本企業はアジアのリーダーになれるのか？（株式会社ファーストプレス）」の姉妹編である。この本はホーチミンが舞台だが、この小説は香港と北京が舞台になる。登場人物は全員同じだ。

この小説がアジアでビジネスを展開している日本人の一助になれば幸甚である。著者は海野塾という英語で世界の政治経済軍事外交を教えているが、それもひとえに、日本人がアジアで戦っていくための指導に他ならない。

平成28年1月吉日

海野恵一

概要

日本企業の海外事業展開を成功に導くには、真のグローバルリーダーが不可欠だ。だが、これまでの海外事業のリーダーは、〝語学ができ、専門的な実務を体得し、仕事ができる〟人材であった。しかし、グローバルリーダーにとって最も重要なスキルの1は、「リベラルアーツを身につけた〝ネゴシエート（交渉）〟ができるスキル」である。

本書では、真のグローバルリーダーの姿と、身につけるべきスキル／考え方について、小説を通して紹介する。香港、ベトナム、インドネシア、中国を舞台に奮闘するＩＴ企業の営業担当者が主人公だ。彼がいかにしてグローバルリーダーとして成長していくのか。その姿を追いながら読者にもグローバルリーダーへの道を歩み出してほしい。日本に多数のグローバルリーダーが生まれ活躍するという希望を持って書き進めていくことにしよう。

第1章　グローバルリーダーとは何だ。

プロローグ～グローバルリーダーになるためには～

第1回は、グローバルリーダーを目指す本小説の主人公と、彼の上司や関係者など、主な登場人物を紹介しよう。以下の5人が、この小説の中心人物で、主人公は3年をかけてグローバルリーダーに成長していく。

主人公：佐々木　慎吾　日本ＩＴＣソリューション情報通信事業部　課長
　２０００年に東工大工学部を卒業し、同年に大手ＩＴ企業の日本ＩＴＣソリューションに入社。研究・開発・営業・販促を経験し、２００７年より海外企業との協業や海外市場開拓に従事してきた。中国・上海に3年間駐在し、現在は東南アジア市場のビジネス開拓に課長として従事している。２０１２年に慶応大学大学院社会科学研究科を修了し、現在はその博士課程前期に在籍中である。また1年前から自主的にグローバルリーダーを育成する「山下塾」に通っている。

主人公の上司：三森　隆司　日本ＩＴＣソリューション情報通信事業部　事業部長
　佐々木　慎吾の直属の上司にあたる。情報通信事業部の東南アジア全般を担当し、積極的にアジア事業を推進するためには人材育成が急務だということを理解していて、部下の佐々木がグローバルリーダーになるよう徹底的した育成を心がけている。日本企業の幹部特有の「ともかくがんばれ」的な性格ではなく、これからは英語ができるだけではなく、世界でネゴシエート（交渉）ができる人材が必要だと実感している。

日本ＩＴＣソリューション社長：高橋社長

高橋社長の家族はもともと海外との結びつきが強く、兄は外務省の高官である。高橋社長自身も東京大学を経て、アメリカのスタンフォード大学でＭＢＡを修了している。日本企業が世界からますます取り残されていくことに隔靴掻痒《かっかそうよう》の感を持って過ごしている。自社でもグローバリゼーション推進の旗振りをしてきたが、会社がその方向になかなか動かず、一向に変化しないので、イライラしている。

Nippon ITC Solution (Hong Kong) Limited 副社長：森山

この企業は日本ＩＴＣソリューションの香港の子会社であり、その副社長森山は主人公佐々木とは日本にいた時から懇意にしていた同僚である。香港での入札では佐々木とともに大いに活躍する。

山下塾・塾頭：木元　耕一郎

木元はアメリカのコンサルティング企業に30年以上勤務した後、「山下塾」を主宰し、グローバルリーダーの育成に励んでいる。海外でもトップマネージメント相手にビジネスを展開できる数少ない日本人である。妻が中国人だったこともあり、外国人には散々苦労してきた。現在も顧客企業の社長代行として、海外の事業展開を支援している。彼が山下塾を開校したのは、アジアにグローバルリーダーの育成機関がないためである。短期的な研修では、本当のリーダーは育成できないため、山下塾では「修行には最低3年かかる」と公言している。宣伝は一切せず、塾のプログラムはアジア一番だと本人は確信している。

このほかにも、多くの人物が登場してくるが、物語の展開の中で追って紹介していく。

それでは、佐々木慎吾が２０１４年に入札のために香港に出張した時の情景から始めよう。彼の上司である三森事業部長が香港への出張を命じた。目的は、現地での地下鉄の総合システムの全面改訂の受注可否を調査するためだ。競合相手は強豪の中国・北京鳳凰信息科技有限公司である。三森自身は内心、「今回は勝てない」と思っている。

アジア全域で日本、中国、欧米の企業による混戦状態に

北京鳳凰信息科技有限公司は、わずか5年で売り上げを3倍にしてきた企業だ。現在の年商は3億米ドルで、中国のＩＣＴ業界では中堅の新興企業である。中国の新興企業の特色として、毎年倍々ゲームの成長をしてきている企業が多い。そのため営業活動への投資も中途半端ではない。もちろん倒産する企業が、成功する企業の何十倍も多いが、国の規模が大きいので、成功する企業の数だけが目立っている。

日本企業はここ数年、こうした中国企業と東南アジアでバッティングするケースが多く、苦戦している。特に日本企業は、日中の領土問題に伴う政治摩擦のために、中国を避けて東南アジアにビジネスの軸足を移したいと考えている。だが、東南アジアのどこに行っても、中国企業や欧米企業との競合が起こってきており、日本企業が苦戦している状況は変わらない。

鉄道がいい例だ。中国鉄道は原価割れした提案をアジア随所で出してきていて、それに対抗できる企業が日本にも欧米にもいない。結果、世界のどこにいっても、高速鉄道の入札はほとんどが中国鉄道によって占められている。

彼らは国家がバックにいるので、入札案件が赤字でも、周辺の不動産などの事業で収益を上げようとする。鉄道敷設とか鉄道車両において全く採算が取れなくても構わないのだ。同様のことが、鉄道だけではなく、あらゆる業種業態において起こっている。ICT産業も例外ではなく、アジアのあちこちで、日本企業と中国/欧米企業の混戦状態になっている。

そうした中、北京鳳凰は来年度に1億5000万米ドルの売り上げ増を考えており、中国国内だけでなく、東南アジアでのマーケットシェア獲得に躍起になっている。5割増しの売り上げには当然それなりの販促費を計上してきている。一方、日本ITCソリューションが見込む次年度の売り上げ増は5%。中国企業に対抗する予算も人材も桁違いに少ない。

佐々木は、こうした状況を香港に行く前から把握していた。上司の三森には言わないが、彼自身も三森同様に全く勝ち目がないと思っている。だが、お互いに、そうした思惑は一切話をしていない。

日本ITCソリューションの国際事業部長である劉は、せめて香港市場の来年度の売り上げ予算を「30%はアップするべきだ」と主張していたが、三森事業部長は頑として彼の意見を受け付けなかった。その背景には日本企業独特の予算に対する達成義務がある。達成できないと三森の将来がなくなってしまう。

なお、通常の入札では、数社が参加するのが普通だが、本書ではストーリーを分かりやすくするために、北京鳳凰と日本ＩＴＣソリューションの一騎打ちに設定している。アジアのＩＴ企業で最も強い企業は、香港最大の企業集団・長江実業グループの PCCW Limited 社だが、ここもあえて、競合企業を中国企業に設定している。また、インドの企業も、一大勢力になっているが、今回の香港での入札には関与させていない。

また、地下鉄の総合システムということで、香港鉄路有限公司を想定しているが、あくまでもここでも仮想であることに留意していただきたい。また、このような金額が大きな入札には、半年とか1年前から入札要件書を作成するために、事前準備のためにヒアリングを設けるのが一般的だ。だがそれも、本書では省略している。

【解説】

日本企業はこれまで、グローバルビジネスとは言いながら、実際には現地での日系企業を相手にしたビジネスがほとんどだった。現地企業とか欧米企業との競合ビジネスを展開してこなかった。最近は、日本企業による外国企業の買収も盛んになってきているが、買収後の企業運営や連携のための人材が極端に不足している。そのため海外企業を買収しても、相手企業に人材を送り出せない。

本書の主人公が勤めるのはＩＣＴ企業だ。だが、新規受注のための戦略とその展開は、ＩＴそのもののノウハウよりも、競合にどう対抗するか、顧客にどう根回しするかといったスキルのほうが必要である。日本企業が本格的に海外に出ていくためには、今までにない人材が要求されることになる。

従来の人材像定義ではグローバルリーダーにはなれない

中国企業の人事システムは日本企業のそれとは全く異なる。例えば、50%の売上増という目標に対し中国企業は、たとえ未達であっても、日本企業のような減点主義は採用せず、本人の能力を評価する。そのため担当役員は強気だ。経営スタンスが日本企業とは全く違うため、海外に進出し日本企業が対抗しても歯が立たないケースが多々ある。

どの日本企業も、海外での営業は極めて厳しい状況だ。「中国企業から採算割れの攻勢があり負けました」という話は、佐々木の耳にも良く入ってくる。勝ち目がないとは分かっていても、今回ばかりは何とかして勝てないものかと思案しつつ、佐々木は香港に向かうことにした。

２０１４年5月11日、８時55分発のＮＨ８５９便に乗るため、佐々木は羽田に6時45分に着いた。いつも朝5時に起きているので、朝が早い分には問題がない。今朝も1時間、日課である英ＢＢＣの時事問題番組「Panorama」を聞いてから、自宅を出た。彼の自宅は港区田町なので、羽田まではタクシーで30分で着く。

チェックイン後は、ＡＮＡのラウンジで仕事をすることにしている。羽田のラウンジは狭いが、成田より近いので、いつも羽田を利用するようにしている。昨晩は遅くまで今回の打ち合せ資料に目を通してみた。だが、通し切れなかったので、このラウンジで残りの資料に目を通すことにした。もともと勝てそうにない戦いをどう勝つのか。しかしながら、どう考えても勝てそうにはなかった。

飛行機は定刻に出発し、12時55分に香港国際空港に到着した。最近はエアポートエクスプレスがあるので25分で香港市内に着いてしまう。そこからタクシーを拾えばいい。

ホテルは九龍半島南端の尖沙咀（チムサーチョイ）近くのカオルーンホテルを予約している。この日は日曜日だったので、ホテルにチェックインした後は、近くの雑踏をブラブラすることにした。ともかく考えなければならない。明日の会議の前に自分なりの方向は出しておきたい。

香港支社の Nippon ITC Solution (Hong Kong) Limited は明日訪問することにしていたので、今日の午後は自由時間である。だが、彼の心は明日の作戦をどうするかで一杯で、どこをどう散策したのかすら覚えていなかった。

なんらの対策も見出せずに、あたりはまだ明るかったが、午後6時過ぎにホテルに戻ってきた。お腹は空いていなかったので、屋台でチャーハンと餃子を買い、ついでに小瓶のウィスキーも購入した。合わせて、90ドル（約1400円）だった。

佐々木は「香港の物価も、だんだん高くなってきた」と思った。3年前の倍になっている。日本が円安のせいもある。そう思いながら、部屋に入った。やはりまだお腹は空いていない。

明日は朝8時から、支社の担当者と入札について打ち合わせる。今までに海外事業には色々と携わってきたが、本格的な営業活動は今回が初めてになる。佐々木はホテルの窮屈な部屋の小さなソファに腰掛けて一息つくと、木元塾頭の言葉を思い出した。

「佐々木君、グローバルリーダーになるには英語ができても、専門的な知識があっても、仕事ができてもダメです」

木元は、グローバルリーダーの育成を手がける私塾「山下塾」の塾頭だ。アメリカのコンサルティング会社に30年以上、勤務した経験を持ち、海外のトップマネージメント相手にビジネスを展開できる数少ない日本人である。木元は、「アジアにはグローバルリーダーの育成機関がない」との想いから山下塾を開き、「修行には最低3年かかる」と公言していた。

その山下塾に佐々木が入塾してから1年が経っていた。毎週土曜日に開かれるディスカッション主体の講義と、それに向けた毎日夜8時からの予習・復習はきつかった。妻も文句を言っている。だが彼は「この苦行を乗り越えなければ自分の将来がない」と確信していた。入塾したての佐々木は、木元塾頭の言葉をすんなりとは理解できなかった。

「え？　塾頭、それではダメなのですか?会社ではグローバルリーダーになるためには、この3要素ができればいいと研修を受けてきました。この3つができれば、会社としても認めてくれています。なぜダメなのですか？」

「それでは佐々木君。その3つができたら、外国人のいるパーティーで君は、香港の民主主義について語れますか。習近平の三中全会の内容について語れますか。それができなければ、君が今担当している香港に行っても、彼等の招待パーティーでは君を仲間に入れてはくれないでしょう」

「塾頭、そうした話題でしたら私でも新聞に書いてあるぐらいのことは話せます」

「それぐらいの情報だったら、ものの5分と、もたないでしょう。彼らは君という〝人物〟を評価したいと思っているのだから、色々聞いてくるに違いありません。

例えば香港だったら、『中国の国有企業の改革をどう考えるか』『大陸では不動産バブルが弾けそうだが、中国への不動産投資をどう思うか』とか、いずれも英字新聞に書いてあるようなことを聞いてくるでしょう。そう聞かれたら、どう答えますか？

『いや、私には分からない』と言った途端、彼らは君をそれなりに評価してしまうことでしょう。彼らは君がリーダーとしての資質があるかどうかを値踏みしているのです。その資質がなければ、自分たちの仲間に入れようとはしません」

「……」

「そういった海外でのことを考えれば、グローバルリーダーの一般的な定義については、私は昔から疑問に思っています。確かに、その定義通りの人材になれれば立派なことですが、果たしてなれるのでしょうか。いや、そうした人物が現存するのでしょうか？

　私の知る限りでは日本には10数人しかいないと思います。彼らのような人物をグローバルリーダーと称して育成することは、できないように思います。彼らはたまたま、そういう境遇にあったので、そうなれただけでしょう」

　ここで、グローバル人材の一般的な定義を示しておこう。

「卓越したグローバル視点と専門性を持ち、強い克己心と高いコミュニケーション能力を備え、多様な価値観を持つ多国籍チームを率い、目的遂行に向けて経営資源をグローバルに全体最適に導く人材」

　佐々木は木元塾頭の言葉に全く同感だった。彼は日頃から、会社が言うグローバルリーダーの定義を達成することはハードルが高すぎると思っていた。それだけに、塾頭の言葉は佐々木の興味をそそった。

「では、どういう人物がグローバルリーダーと言うのでしょうか？」

「さて、グローバルリーダーとは海外に出て行って仕事ができ、外国企業の人たちと営業をしたり、業務を遂行したりできる人材のことでしょうか？そもそも外国の人と一緒に仕事ができるということは、どういうことなのでしょうか？さらに、彼らをリードするとは、どういうことで、何を持ってリードすると言えるのでしょうか？

　こうしたことを考えてみますと、日本にも、いくらでも人材はいるような気もしますが、突き詰めて整理してみれば、そうした人材が、ほとんどいないのが現状でしょう」

「……」

「例えば日本の鉄道ビジネスをアジアに売るということを考えてみましょう。その競合相手は、いわずとしれた中国鉄道です。彼らに勝つには、どうすれば良いのでしょうか。『こうしたビジネスに勝つためのリーダーこそが、グローバルリーダーだ』というわけですが、そうしたリーダーとは一体どういうリーダーなのでしょうか？」


【解説】


グローバルリーダーの一般的な定義に対し、木元塾頭は「果たしてそうした人材が育成できるのか」と疑問を投げかけている。確かに、ここで言っているような人材が、日本にも何人か、いることはいる。しかしながら、木元塾頭が指摘するように、そうした人材の育成はほぼ不可能に近い。通常のＯＪＴ（On the Job Training）でもできないし、研修でもできない。

なぜなら、そうした人材が企業の中にいないケースがほとんどなので、次に続く人材の育成そのものができないのである。では、どうすれば、そうした人材が育成できるのか。もしくは、グローバルリーダーとして通用する人材とはどういう人材で、外国人のビジネス仲間に日本人は、なぜ入れてもらえないのか？ここから考える必要がある。

外国人のビジネス仲間に、なぜ日本人はなれないのか？

ビジネスに勝つためのリーダーこそが、グローバルリーダーだと言う木元塾頭は、そんなリーダー像について、話を続けた。

「今、マレーシアとシンガポールを結ぶ高速鉄道の入札が話題になっています。そこに日本も入札するのでしょうが、そこで勝つために必要な能力は何でしょうか？そして、勝つためにはバイヤーや強豪相手に対して要求される交渉能力は何でしょうか。

そもそも、私がコンサルティングを始めてから40年以上になります。昔から、どこの企業も人材のグローバリゼーションを経営課題に挙げてきました。ですが、どの企業も人材のグローバル化を達成できたという話は聞いたことがありません。それはなぜでしょうか？」

塾頭がこんな質問を私に投げてきたことを思い出した。その質問を佐々木は頭の中で今一度、反芻してみた。

確かに、今までこうしたグローバリゼーションやグローバル人材の育成について社内で聞いてきたし、自らも研修を受けてきた。しかし、グローバルリーダーの定義とは程遠い研修ばかりだった。佐々木自身も、こうした研修やＯＪＴだけでリーダーを育成できるのかについては疑問に思っていた。彼自身がグローバルリーダーになりたかっただけに、なおさらだった。

さらに塾頭は、従来のグローバルリーダー育成では、そもそも要件が間違っているとも言った。

「各社とも毎年、相当な投資をしてきているようですが、一向にその成果が上がっていないようです。そうしたことが毎年繰り返されて、何十年も経ってきました。その原因は、人材のグローバリゼーションのための手段を間違えていたからではないでしょうか。そして現在でも、それは間違えたままのように思います。

グローバルリーダーの一般的な定義に沿った人材を育成するために、企業がこれまで、その要件としてきたことを列挙してみましょう。

(1)英語を上達させる：TOEICで800点を取れないと部長にはなれないというハードルを設ける

(2)専門職能を強化する：世界に通じるためには専門的なノウハウを身につける

(3)仕事ができる：そもそも仕事ができなければリーダーとしては論外である

そのための人材育成策として企業は何をしてきたでしょうか？

(1)海外留学させる：かつてはMBA資格を取るように推奨してきた。しかし最近は、そうした制度は激減してきている。というのも、MBAを取得した社員が日本に戻ってくると退社してしまうケースが多かったからだ

(2)OJTとして海外派遣する：海外に数年派遣することで、語学と現地のビジネスを研修する。結果、海外でのビジネスのやり方や語学が、その置かれた環境によって大きく異なるものの、それなりの成果は上がってきた。海外での顧客が日本企業の場合には語学は上達

しないケースが多々あった

（3）英会話学校に通う：英会話のスキルを高めることが人事考課の項目に入っている

これらの方法における最大の問題は、育成する側がグローバルリーダーとは、どういう人材かを良く分かっていないケースが多いことです。もう一度、定義しておくと『卓越したグローバル視点と専門性を持ち、強い克己心と高いコミュニケーション能力を備え、多様な価値観を持つ多国籍チームを率い、目的遂行に向けて経営資源をグローバル全体最適に導く人材』ですが、この定義通りの人材が、まず社内にはいません。ですから、そもそもどうすればそうした人材になれるのかすら分からないのが現状ではないでしょうか」

まさしく佐々木は、木元塾頭が指摘する従来型の研修と会社の目標をすべて経験してきたし、それらを達成してきた。大学院を出て修士も取ったし、ＯＪＴで上海に3年いた。ＴＯＥＩＣもハードルを越えているし、今も毎日、暇さえあれば英ＢＢＣのニュースを聞いている。

だが自分は、まだグローバルリーダーでないことも分かっている。会社側も、これ以上の研修やＯＪＴができないことを知っている。この何年、塾頭が掲げるグローバルリーダーの定義には程遠い自分がいることを認識してきた。この先、どうしていいのか分からない状況が何年も続いてきていた。そんな折、たまたま知人から紹介され山下塾に入塾したという経緯があった。

さらに木元塾頭は言葉を続けた。

「某大手食品会社のある海外事業本部長はこう言ってました。『ともかく木元さん。今年は10人ほどを1年間、海外に研修に出すことにしました。彼らには、なんでも経験してきてほしいと伝えました』。

これでは多分、1年間遊んできたのと同じ結果になってしまいます。その本部長は海外にはしょっちゅう出張をしている人ですが、あまり英語が得意ではなかったようです。『海外で仕事ができるようになればいい』くらいの感覚しか持っていなかったのでしょう。

カンボジアとかシンガポールで、うどん屋とかラーメン屋を開業できる人材と、企業が求めているグローバル人材とは全く違うということが、彼には分かっていないのです。先日も彼は、香港で開催された和僑会に出て、カンボジアで成功したうどん屋の話を聞いてきて、『我が社にも、そうしたことができる人材が必要だ』と言っていました。ですが、本当にそうなのでしょうか？我々は、そうした類のビジネスの成功を求めてはいません。

では、これまで企業がグローバルリーダーの要件としてきたことの何が問題だったのでしょうか？もう一度考えてみてください。実は、その3つの要件だけでは国際会議で発言できないと思います。パーティーですらリーダーシップが取れないかもしれませんね。なぜでしょうか？

その理由は、英語ができても、専門的な職能があっても、仕事ができても、外国人から信頼されたり尊敬されたりしない限り、話の輪に入れてもらえるとは限らないからです。

外国人の仲間に入れない理由は、いくつかあります。

（1）彼らと話題が共通していないので話がかみ合わない。日本語の新聞しか読んでいないので、そもそも持っている情報量が桁違いに少ない。そのため本題に入る前に仲間はずれになってしまう。

（2）彼らとはビジネスの文化が違うので、契約不履行とか契約の詳細な内容において取り決めに取りこぼしが出てしまう。ましてや日本特有の〝阿吽《あうん》の呼吸〟は全く通用しない。さらに日本人は〝正直〟ですので、嘘とか、ごまかしとか策略といった世界を知りません。
（３）人格とか人間性の評価を日本企業は重要視していないので、個人の個性とか素養を売り込めず、先方からの信頼が取り付けられません。

1番目は、そもそも日本の報道がかなり幅の狭い情報なので、海外の人たちとの話題が共通しません。ユーロ危機、オバマケア、タイのクーデターといった話題に、ついていけないのです。会話の出だしから参加できないから、さて本番の話題になっても会話の主導権が取れません。

2番目ですが、日本人は〝真面目〟〝正直〟〝勤勉〟〝嘘をつかない〟という文化的な背景を持っています。ですが、海外の人たちは、表と裏を使い分けますし、〝嘘をつく〟〝だます〟といったことをどう見抜くかのノウハウも身に付けています。いわゆる『孫子の兵法』です。こうしたスキルを持っていないと、海外では信用されません。

日本人は、だますこと自体、ビジネスとして嫌っていますので、相手の嘘を見抜くスキルを持てません。日本人としては尊敬されるかもしれませんが、嘘を見破れない人材は、外国人からは味方とは認めてもらえません。だからパートナーとしては信頼されないのです。

3番目では、日本では人事考課に英語ができ、仕事ができ、スキルがあるかどうかが重点的に評価されます。人格者かどうかは主要な評価項目ではありません。せいぜい周囲と調和が取れる点を評価するぐらいです。海外では人間性が最大の評価項目です。

ですから海外では、日本のように単刀直入にビジネスに入ることはあまりありません。まずは相手の人物が信用できるかどうかの値踏みのプロセスがあります。政治経済ばかりでなく、趣味のこととか特技とかの話題で入っていくこともあります。日本人は、そのどれにも、ついていけない。日本国内のビジネスでは、そうしたプロトコルが不要なので、そうした経験とか心がけをしてきていません」

【解説】

ここではグローバルリーダーの要件として何が必要かを新たな視点で述べている。だが、これまでの一般的な定義を否定しているのではない。逆に、その定義の枠内で求めている内容が高邁すぎると言っている。

つまり、英語ができ、専門性をもって、仕事ができるばかりでなく、リベラルアーツ（実践的な知識・学問）を理解し、日本人の文化だけでなく、海外の文化、すなわち表と裏をわきまえた文化を理解し、人間性を磨くことの必要性を木元塾頭は諭している。でなければ、ビジネスをする上で、外国人に尊敬／信用してもらえないからだ。グローバルリーダーの新たな定義と、海外におけるビジネスでの交渉の課題を考えなければならない。

真のグローバルリーダーのための新たな定義とは何か？

木元塾頭は話を続けていた。

（1）日本人は持っている情報量が少なく、また情報を分析し判断する習慣がない
（2）日本人は〝正直〟で、相手の嘘とか、ごまかしを見破れない
（3）日本人はアイデンティティを持っておらず、その個性を売り込む習慣がない

「以上、これら3つが、これまで日本人が外国人の仲間に入れない最大の阻害要因です。『英語ができ、専門性をもって、仕事ができる』ことに加えて、これら3つの阻害要因を克服できれば、外国人は日本人を仲間に入れてくれるのです。

ですが、それを実現することは実は容易ではありません。そこには文化的な要素が深く関わっているからです。例えば、日本人特有の文化は数多くあります。その典型例が〝阿吽の呼吸〟でしょう。ですので、これら3つの阻害要因は日本人特有のもので、外国人はこうした阻害要因を持っていません。

しかし、日本人特有の文化に言及し始めると論点がズレることが多いので、グローバルリーダーの要件に限って話を進めましょう。

どうすれば、これらの阻害要因を克服できるか？ですが、まずは私なりのグローバルリーダーに対する考え方を示しておきましょう。

私が考えるグローバルリーダーとは、グローバルな場において、英語を駆使し、交渉相手に対して圧倒的優位な立場に立てる〝ネゴシエーター〟なのです。では、そんなネゴシエーターに、どうすればなれるでしょう？

先に、グローバルリーダー要件として、『英語ができ、専門性をもって、仕事ができる』ことに加えて、以下のことが必要だと言いました。

・外国人から尊敬され信頼される
・華僑商法を体得している
・世の中の事象の表裏を理解できる

・企業なり国の考えを代弁できる
・大局的な素養がある
　これらの要件をもう少し、体系的に整理すると、3つの具体的な要件として分類できます。
要件1：リベラルアーツを勉強し、世界の様々な事象が、なぜ起こっているのかを考える習慣を身につけ、大局的なものの考え方と視点を学ぶ
要件2：孫子の兵法をベースとした華僑商法を勉強して、相手の嘘とか、ごまかしを見破るテクニックを身に付ける
要件3：日本人が本来持っている『威厳』と『尊厳』を持てるよう、『日本の精神』を研磨し、日本人としてのアイデンティティを持つ
　これら3つの要件に整理しましたが、これらはやはり日本人特有の課題だと言えます。言い換えれば外国人は、欧米、中国、アジアによって3要件の内容は、それぞれ違ってきますが、それなりに、3要件を元々持っていたり、仮に足りないところがあったとしても、それがグローバルリーダーになるための大きな阻害要因になったりはしていません。
　例えば要件1は、日本人だけが日本語の世界にしかアクセスしておらず、狭い世界での情報しか持っていないということです。『中国人は情報統制されており、日本人よりも情報にバイアスがかかっているのではないか』という人もいますが、彼らは日本人よりも、はるかに多くの人が英語を理解しますので、実際には日本人よりも、はるかに多くの情報にアクセスしているのです。
　もちろん、中国は民主主義国家ではありませんから、反政府活動に関する報道の自由には制限があります。そのため、欧米の報道において反政府的な記事を見ることはできません。ですが、

日本のように正しい情報をさらに選択して報道するといったことはしていません。それに彼らは、欧米人のように、情報に対して、その是非を議論したり考えたりする習慣を持っています。欧米人は英語の世界にいますので、指摘するまでもないでしょう。

要件2の華僑商法とは、中国人とか華僑の商法のことですが、世界では、こうした〝表と裏〟のビジネスが当たり前です。欧米人はユダヤ商法ですし、インド人はインド商法です。レバノンとシリアにはレバシリ商法があります。日本にも、日本固有の商法はありますが、それは〝裏のない〟商法であり、日本人だけが〝正直なビジネス〟をしているといえます。

日本人にはグローバル標準な研修以前の研修が必要

要件3の個性とかアイデンティティになると、日本人は果たして持っているのかどうかすら怪しい。アメリカ人も中国人もドイツ人も、それぞれの国のアイデンティティを持っていますよ。日本人としてのアイデンティティとは、平たく言えば日本人として自分自身のよりどころになるようなものを持っていることです。こうした、自身のよりどころを持っている日本人は極めて少ないのではないでしょうか。

そういう意味では、これら3要件は、外国人がグローバルリーダーになるための要件にはならないと言えます。もちろん、グローバルリーダーになるための研修として、交渉力を身につけるとか、コミュニケーションスキルを向上させるといった勉強は必要ですが、日本人は、そうした研修以前の研修が必要だということです。

どうですか、日本人には日本人特有の研鑽が必要なことが伝わったでしょうか。3つの要件が身につけば、日本人も、世界の様々な事象の〝表と裏〟を理解できるようになり、ビジネスの場でもパーティーにおいても、相手の外国人の話を理解でき、企業なり国家なりの考えを堂々と代弁できるようになります。

こう考えていくと、グローバルリーダーの要件を満たすための修行は、そう簡単ではないことが分かるはずです。学校のように2年とか4年で卒業ということではないのです。私の山下塾を『塾』としているのも、卒業という概念がないからです。

世界の情勢とか様々な事象が変化していく中で、それを考え議論していくことを考えれば、グローバルリーダーになろうとする人は当然、既にグローバルリーダーだという人にも、こうした素養を鍛錬する『塾』が必要なのです」

塾頭は、グローバルリーダーの要件を佐々木に丁寧に諭した。

「塾頭、そのリベラルアーツとはどういうものなのでしょうか？」

「佐々木君、ここでいうリベラルアーツとは実践的な知識・学問のことです。ですが、さらに世界の政治・経済・外交に関する報道の是非を考える習慣を身につける必要があります。その是非を考える手段としても、リベラルアーツを勉強すべきだということです」

【解説】

今回のポイントはグローバルリーダーの要件だ。「英語ができ、専門性をもって、仕事ができる」ことに加えて、第1に、日本人が持っている情報量が少ないため、リベラルアーツを手段として勉強することで、物を考える習慣をつける。

第2に、日本人は正直なので、ビジネスを表からだけしか見ていない。なので、華僑商法を勉強することによって、ビジネスの〝表と裏〟を理解する。そして第3として、ビジネスマンは、日本人が行ってきた〝歴史〟を理解している人が少ないため、改めて「日本の精神」を勉強することで、日本人としてのアイデンティティを持ち、その立ち位置を明確にする必要がある。

こうした課題の勉強は、日本人特有のものだ。これまでの一般的なグローバルリーダー研修は、この日本人特有の要件を満たしていなかったと言える。冒頭で、3つの阻害要因を改めて解説したが、こうした阻害要因を外国人は元々、持っていない。だから外国人は、阻害要因を克服するための3つの要件を勉強する必要がないということだ。

日本人がグローバルでビジネスを展開するには、語学以外に、こうしたハンディキャップがある。そうしたことを企業が、しっかりと認識していなかったために、グローバルリーダー教育が上手くいかなかったのではないだろうか。

グローバルリーダーは、グローバルネゴシエーターでもある。リーダーの本質は交渉力にあるからだ。本編で指摘していることを身につけなければ外国人からは、一日本人としては信用されても、ビジネスパートナーとして信用されず、仲間には入れない。

リベラルアーツから何を学ぶのか？

「塾頭、そのリベラルアーツとはどういうものなのでしょうか？」

この佐々木の問いかけに対し、木元塾長は解説し始めた。

「日本人は毎日、専門的な仕事に専念せざるを得ない環境にあります。ですので、リベラルアーツとして、実践的な知識や学問を習得する機会もないし、そうしたことを教育している機関もありません。

実践的な知識や学問を〝一般教養〟として勉強するという意味は、知識だけでなく、世界の様々な事象の是非を考える習慣をつけるということです。ですが、日本の報道機関は正しい情報をさらに選別して報道しているので、日本人は新聞やテレビで目にする情報に疑問を感じたり、否定したりする習慣がありません。世界の報道は日本の報道とは全く異なっていて、かなり曖昧な情報とか、アルカイダからの投稿まで報道していますよ。

なぜアルカイダからの投稿まで報道されているのかが分かるかと言えば、誤字脱字を編集者が意図的に修正していなかったり、内容があまりにもひどいまま掲載したりしているからです。日本では、とんでもない内容はもちろん、誤字脱字もしっかりと修正しないと掲載しません。欧米の新聞は、誤字脱字はあえて修正せずに、平気で掲載しています。

それに、西側の報道と東側の報道が全く異なるのも日常茶飯事です。ドイツ首相のメルケルなどはロシア語も話し、西側の情報にも東側の情報にも精通していますので、ロシア大統領のプーチンとは電話で直接話をしています。彼らが、どこまでプライベートな関係に立ち入っているのかも、既存の情報を縦横に読み解ければ実は分かってきます。

例えば、ドイツからロシアへの経済制裁について両氏が議論していた時に、プーチンが『結婚式の夜は、あなたが何をしようと結局は犯されるんだ』という悪いジョークを【fuck】という単語を使ってメルケルに言ったことがあります。『あなた（メルケル）が何を言おうと、結局は制

といった顔をしていました。『この悪ガキが』という意味ですが、その時のメルケルはプーチンに対し『この悪ガキが』といった顔をしていました。

通常の関係なら、プーチン大統領がメルケル首相に、こういう下品な単語を使うことは絶対にあり得ません。なので、両氏はかなり親しいと判断できるのです。強いて言えば、プーチンとメルケルは、悪ガキの弟と、それを始末に負えないと見ている姉のような関係でしょうか。

こうしたことをアメリカの諜報機関は見逃しません。２０１４年中頃にメルケル首相の携帯電話がアメリカの国家安全保障局（ＮＳＡ）によって盗聴されていたことが発覚しましたね。これは、彼らの制裁交渉を疑問に思ったオバマ大統領が両氏の関係を含め、調査を指示していたということです。

アメリカ、ドイツ、ロシアの関係は、こうしたところまで突っ込まないと、その背景は理解できないでしょう。日本では、こんなことは一切報道されていません。

さらに、日本の報道を補うにしても、西側の報道だけしか見ないのでは不十分です。メルケルがプーチンと直接会話できるのは、単にロシア語ができるというだけでなく、東側の情報にも精通しているからです。西側の情報だけでは、彼女の考え方と行動は把握できません。これは、プーチンに対しても同じことが言えます。

東西、清濁を併せ呑むような報道環境にいるため、外国人は情報を自ら収集して、考え、そして判断する習慣が身についています。逆に、日本人は安定した保守的な社会に住んできたために、世界のダイナミックな変化に敏感ではなくなり、物事に対して疑問を持ったり分析したり、自ら考えたりする習慣が持てないのです。

日本のビジネス環境のなかだけなら、新聞などから与えられた情報に満足してしまい、リベラルアーツを勉強したり議論したりすることの必要性すら感じることはないでしょう。

日本固有の要件は意図的に勉強しなければ身につかない

今話したように、日常の報道環境1つをみても、日本と海外では大きな差があります。ですから、日本人には阻害要因であって、外国人にとっては阻害要因ではないことが少なくありません。日本は、世界から見て特殊な環境を持っているために、グローバルリーダーになるための要件も、外国人より日本人のほうが多くなるのです」

木元塾頭が挙げる日本人がグローバルリーダーになるための阻害要因は、次の3つだった。

（1）日本人は、持っている情報量が少なく、また情報を分析し、判断する習慣がない
（2）日本人は「正直」で、相手の嘘とか、ごまかしを見破ることができない
（3）日本人はアイデンティティを持っておらず、その個性を売り込む習慣がない

木元塾頭は続ける。

「要件が多いからといって、留学したり海外に在住したりすれば、それらの要件が身につくかというと、そうではありません。留学すれば語学力と専門性は高まるかもしれませんが、必要な要件は意図して勉強しない限り身につきません。海外在住においては、語学力も含めてよほどの意図が必要です。つまり我々、日本人は、こうした阻害要因を克服するためには、要件を1から勉強しなければならないのです。

このように考えれば、なぜ日本だけがこの数十年、声高にグローバル人材の育成を叫びながら

も、達成できていないのかが理解できると思います。そもそも、〝グローバル人材〟とか〝グローバリゼーション〟という言葉を使っているのは日本だけです。外国では、こうした言葉を使うことは、ほとんどありません。

私が山下塾で日本人がグローバルリーダーになるためのリベラルアーツを中心に教えているのは、こうした背景があるからです。

例えば、山下塾のプログラムでは、『日米同盟』というセッションがありますが、なぜだと思いますか。日米同盟は戦後何十年も続いてきていますので、みなさんが、ごく当たり前のように考えています。ですが、実は安定した同盟ではありません。こうした現実を知り、自らの判断基準を持つことがリベラルアーツなのです」

そう言った木元塾頭は、日米同盟について解説し始めた。

「現在の日米同盟が結ばれたのは１９６０年。アメリカがベトナム戦争を始めたのは、その後の１９６５年です。つまり当時は、アメリカが豊かな時代です。日米同盟が実質、アメリカが一方的に日本を守るという片務契約なのも、当時のアメリカには余裕があったのです。マクドナルドのハンバーガーも今より大きく、手作りに近かったように思います。

この安保条約にサインしたのは、現在の安倍総理大臣の祖父である岸元総理大臣です。当時は安保闘争が起きましたが、古き良き時代でした」

【解説】

リベラルアーツの習得は、一般的な教養科目としての常識を身につけるだけではなく、２つの目的がある。1つは、日本の新聞／テレビで報道されている情報だけではなく、広く世界の情報に接すること。もう1つは、世界の情報に対して疑問を持ち、考える習慣を身につけることだ。世界で起こっている事件が果たして、報道の通りなのかと疑問を持つ必要がある。

日本から見た情報だけでなく、西側諸国から見た情報に対する判断、さらには東側から見た判断ができるようになって初めて、グローバルな幅を持つ広い見識を身につけられる。日本人には残念ながら、世界の情報を分析したり考えたりする習慣がない。そのための訓練をしなければ、外国人からは評価されない。

木元塾頭は最後に、山下塾のセッションである「日米同盟」を例に挙げ、日米の安全保障は安定したものではないと言っている。そのことを指摘する人は日本の報道にも登場するが、世界の報道に接していれば、それが〝当たり前〟のこととして理解できる。

日本人が〝常識〟として理解していることが、世界から見れば必ずしもそうではないことが多々ある。平たく言えば、日本の報道機関は、正しい情報を提供しているかもしれないが、正しい情報も選別してしまうと「象の足だけを見てしまう」ということがあり得るということだ。

これまで日本人は、世界の情報を分析せず、自ら考えてこなかった。リベラルアーツを勉強することは、そうした習慣を改めて身につけ、外国人と真のコミュニケーションが図れるようになるための手段だと考えるべきである。

山下塾で教えるのは〝考えて議論する〟ための素養

「１９６０年に結ばれた現在の日米安全保障条約も、50年以上が経った今、アメリカはこの同盟を昔のようには維持できない状況にあります。アメリカ国民にしても、今さら日本が〝アジアの軍事防波堤〟であるといった認識を持っている由もありません。一方、日本では、集団的自衛権の確立を政府が推し進めていますが、日米同盟にどう適用されるのかについて日本国民は、あまり関心を払っていませんよ。

自衛隊にしても、30万人の隊員のほとんどは英語ができません。日米合同演習に参加できる程度の人数しか英語を使えないのが現状です。そんな状況で、どうして集団的自衛権をかざして、日米で共同作戦を進められるのでしょう。

日米安全保障条約は片務契約です。日本が有事の時はアメリカが日本を助けることになっています。尖閣諸島を中国軍が占拠した場合とかが該当します。しかし片務契約のため、アメリカがイスラム国に困っていても日本には手伝う義務はありません。ですから、アメリカの一般国民は、この日米同盟を支持していないのです。幾人かの議員が支えているわけですが、それでは、日米同盟自体は薄氷の上にあると言っても過言ではありません。

そうした環境下において、我々がこの日米同盟をどう考えていくのかを認識していなければ、アメリカ人に対して、もしくはアジア諸国の人々に対して、日米関係を語ることはできないでしょうし、アジアの安全保障に対しても日本の役割は語れないのです。

これがリベラルアーツの勉強です。様々な政治・経済・外交の課題を知識として理解するだけでなく、考えたり議論したりすることで、物事の正しい方向性を見定められるようになるのです。

だから山下塾では毎週土曜日に1日をかけて、それらを詳細に英語で議論しているわけです。塾生は、様々な事象に常日頃から問題意識を持つことで、外国人と会話ができるようになります。もちろん、そのことだけで、彼らから信用されるわけではありませんが、そのためのエントリーポイントにはなります。

塾の講義内容には色々なテーマがありますが、世界の政治・経済・外交のすべてを扱っています。ただ、世界のオペレーションリスクの過半数は中国が占めていますので、中国のセッション数も過半数を占めています。中国の一党独裁などから、中国とアメリカの関係、EUや中東の文化や政治・経済・外交、孫子の兵法、そして、日本の精神まで。こうしたリベラルアーツを中心に据えて、外国人との付き合い方を勉強します。

もちろん、あらかじめ規定されたテーマだけではグローバルリーダーの素養としては不十分です。常にホットトピックスも議論していきます。例えば、オバマ大統領やプーチン大統領といった主要な海外の首脳をテーマに3時間議論します。それを3、4回続けます。欧米のこうした政治家はビジネスマンでもあるからです。

プーチン大統領を例にしましょうか。彼は、ウクライナに販売するガスの価格までガスプロムに指示しています。また彼の応対の仕方は、まるで、わんぱくなガキ大将のようですが、そうした報道は日本ではなされません。彼が国民から80%もの支持をなぜ得ているのか。それを理解するためには東側の立場で議論しないと無理でしょう。」

日本の立場、西側諸国の考えから離れる必要がある

先ほど『日本の情報は正しい情報の中から、さらに選択されていて範囲が非常に狭い』と言いましたね。ですので山下塾の講義資料は、欧米の情報と中国のネット情報にしています。プーチン大統領の議論も、そうした東側の情報を活用することになります。

プーチンについては、欧米では誰もよく言っていませんから西側の資料だけでもダメです。ダボス会議のロシア版である『バルダイクラブ』のカンファレンス資料などが題材になります。なので塾生には『西側ではなく、東側の立場になってプーチンを評価しなさい』と言っているのです。

日本という立場から離れ、時には西側諸国の考えからも離れることが必要です。ここではプーチン大統領を例に挙げましたが、大局的な視点とは、こうしたことを意味しています。

さらに日本人には、『真面目』『正直』『勤勉』『嘘をつかない』という国民性がありますが、これらの言葉を欧米人に話しても決して理解はしてもらえないでしょう。そもそも日本人は、欧米人や中国人とは異なり、ビジネスの場で嘘をついたり騙したりすることを嫌います。そのため、日本人はそうした嘘を見破るスキルを持っていません。結果、嘘を仕掛けられたら簡単に引っかかってしまうことになります。

一例を挙げましょう。日本人は、〝嘘〟と〝真実〟を混ぜて言われた場合、そうした経験がほとんどないので、頭の中で選別して聞き分けられないのです。ですから、どこかに嘘が入っていると思うと、すべてを信じないということになります。中国人は違います。そこを聞き分けているので、全部は信用せずに一部を信用するのです。

これは人に対する信頼でも同じです。中国人は往々にして『あの人は20％信用できる』とか『80％信用できる』といった判断をします。信用の度合いに応じて付き合い方を変えるのです。日本人なら、１００％信用するか信用しないかですから、20％の信用と80％の信用の違いが分かりません。

だから彼ら外国人は、日本人を尊敬したり信頼したりしたとしても、ビジネスのパートナーとしては組みたがらないのです。それでは困るので私は、日本人は『孫子の兵法』とか『三十六計』をもっと勉強すべきだと考えています。これらは華僑商法の基本でもあります。

孫子の兵法とか三十六計は時折、雑誌などでも紹介されていますし、関連資料を読むだけなら数時間もあれば十分でしょう。しかし、これらの戦術は２０００年以上も前から温められてきた歴史を持っており、そこには奥の深い中国文化が潜んでいます。ですから、これらは知識としてではなく、哲学として、もしくは文化として体得する必要があります。体得、すなわち体に染み付くまでに3年はかかるでしょう。

こうしたテーマが山下塾には50セッションあります。ですので、今議論しているテーマを次に扱うのは2年後です。そして山下塾が〝塾〟である最大の理由は、何年経ったら卒業ということはないからです。塾生は、こうした勉強を生涯、続けていくのです。

【解説】

今回は、山下塾で教えている内容を木元塾頭が解説している。まず「日米同盟」を例に、これが当然だと考えることが危険だと指摘している。アメリカだけが日本を守るという片務契約は不自然だからだ。日本の安全保障について意見を述べるには、こうしたことは日頃から考えたり議論したりしていなければならない。

そうした努力を重ねることで、物事の正しい方向を見定められるようになり、日本人として、世界の安全保障における日本のスタンスとか、アジアにおける日本の軍事・外交の役割を説明できるようになる。こうした素養こそが外国人に対する信用につながっていく。それがリベラルアーツの勉強である。

山下塾では、世界の政治・経済・外交に関するテーマを50セッション持っていて、幾人もの各国首脳を取り上げて、彼らについて議論している。そうすることによって、広く世界を俯瞰でき、より広い視野で物を見られるのだ。

また、孫子の兵法に代表される華僑商法の考え方、すなわちビジネスの〝表と裏〟を理解するには、3年はかかると言っている。中国の歴史を伴った文化的な背景があるからだ。

例として、中国人は情報を判断したり、人物を評価したりする際に、日本人のように１００％信用するか信用しないかというような判断の仕方はしない。灰色のままで理解しようとすることも、日本人は知っておく必要がある。

日本人は「日本の精神」を忘れてしまっている

「日本人は、〝白か黒か〟でしか判断しません。ですが中国では、信用の仕方を含め、様々な文化と習慣の中から、多くの人の判断は〝灰色〟です。日本人の判断の仕方には、『答えは一つしかない』という教育のあり方が影響しているのかもしれません。欧米や中国の教育では、答えの背後にあるプロセスのほうが、答えそのものよりも重要だと教えます。

さて、グローバルリーダーになるための要件がもう1つあります。本人としての認識ともいえる『日本の精神』の体得です。世界の色々な事象や政治・経済・外交を勉強しても、自らの立ち位置が分からなければ、外国人との違いや距離を把握できません。日本の歴史と、そこでの登場人物を勉強しなければ、日本人としての『威厳』と『品格』は備わりません。

日本人は日本の近代史を勉強していません。最大の理由の1つとして、大学受験のために歴史の勉強が1850年頃で終わってしまうことが挙げられます。清とイギリスの間で1840年から2年にわたって続いた阿片戦争あたりで、高校の勉強が終わってしまいます。ですから1894年の日清戦争や1904年の日露戦争、その後の大東亜戦争のことをほとんど知らないのです。

それだけではありません。敗戦により、日本人が戦前行っていた『読み、書き、そろばん』のうち、『読み』を捨ててしまいました。これはアメリカ軍の占領政策に起因しているのかもしれません。かつて日本人の精神文化には教育勅語がありましたが、形だけの道徳教育を残したものの、そもそも日本人とは誰だったのかという教育を捨ててしまいました。ですから日本人は、日本人としてのアイデンティティを持っている人が、ほとんどいません。

この『読み』については面白い話があります。梁啓超（りょう・けいちょう）という清末民初の政治家がいました。彼は15歳の時に広東屈指の書院であった学海堂で学び始めるのですが、その時に四書五経の内容のかなりの部分を小さなときに暗記させられていたことに気付きます。それまでは何だか分からなかったものの、学校に行って初めて、その暗記させられた内容が何だか分かったのだそうです。これが、私が言う『読み』です。

日本では戦後、なぜかこの『読み』がなくなってしまい『書き』と『そろばん』だけが残ったのです。最近は、かつては日本にも存在した幼児教育が海外で脚光を浴びています。日本でも今一度、幼児教育をしっかり行うべきでしょう。その中心は暗記です。幼少期の暗記力は成人の何倍も高いと言われています」

「塾頭は、その梁啓超という人の話をなぜ知っているのですか？」と佐々木は聞いた。

「彼の話は以前、北京の王府井書店で彼の自伝を見つけ、立ち読みしたのです。昔の中国人の勉強は暗記が基本です。なぜなら、中国には暗記を中心とした試験制度があったからです。『科挙』という言葉は聞いたことがあるかと思いますが、これは５９８年～１９０５年、すなわち隋から清の時代まで、約１３００年も続いた官僚登用試験です。問題は、古典の暗記と解釈が中心でした。

中国でも科挙制度は、近代化にそぐわないということで１９０５年に廃止しました。ですが、暗記という習慣自体は今も中国の幼児教育に残っていて、それなりの家庭の子弟は、物心が付く前から中国の古典を暗記させられています。その『読み』を戦後止めてしまったことは日本の修身教育の大きな損失だと言えるでしょう。


『読み』とはただひたすら暗記するだけではない

なぜ修身教育なのか。私が言う『読み』とは、ただひたすら暗記するだけではありません。そこには修身の考えがあったのです。戦前に日本の修身で何を教えていたのかと問えば、幾人かの人は道徳だと答えるかもしれません。

しかし実際には、もっと広範な、人としてどう生きるべきか、国とはどういったものかということを教えていたのです。今の学校で教えている単なる知識ではなく、儒教を背景とした人の世の根本を教えるものでした。親はそれを学んで親になり、子供に教える。子供はそれを家庭と学校の両方で学ぶ。こうして日本の近代社会が形成されたのです。

例えば、中江藤樹で有名な『正直な馬子』の話は、小学校3年生の教科書に出てきました。二宮金次郎や細井平洲、上杉鷹山といった人たちが、小学校の教科書に当たり前のように出てきました。そうした教科書を使って、先生たちは肉付けをしながら子供達に話をするのです。

注釈
中江藤樹（1608-1648）：江戸時代初期の陽明学者。『正直な馬子』は、武士が、主君から預かった数百両の金を馬にくくりつけたまま置き忘れたが、正直な馬子が届けてくれたという逸話である。
二宮金次郎（二宮尊徳、1787-1856）：江戸時代後期の農政家・思想家。両親の死後、叔父の家に暮らしていた頃に、寝る間も惜しんで読書をしたとされ、戦前はどこの学校にも読書をしながら薪を背負って歩く二宮金治郎の像があった。1970年代以降、児童がこの像の姿を真似ると交通安全上問題があることから徐々に撤去されてしまった。ただ最近は、道徳教育の見直しもあり、座った姿の像が作られている。

細井平洲（1728－1801）：江戸時代の儒学者。上杉鷹山の師で、当時の身分制度を超えた師弟の姿として、江戸時代中期から知れ渡り、明治時代以降は道徳の教科書にも採用された。

上杉鷹山（1751－1822）：江戸時代中期の大名で、出羽国米沢藩の第9代藩主。領地返上寸前の米沢藩再生のきっかけを作ったことで、江戸時代屈指の名君とされる。

戦前の人たちは、こうした人々の生き様をきちんと学んでいました。穴埋め問題で選択すべき選択肢の1つとして、単に年表に出てくる名前を暗記するだけではないのです。今も小学校によっては校庭の片隅などには二宮金次郎像はあるでしょうが、以前は像の前では一礼して通り過ぎるのが当たり前でした。そうしたことが戦後、全く消え去ってしまったことは遺憾の極みです。

1945年の敗戦を契機に、何が日本から精神面で失われたかも整理しておく必要があります。アメリカによる占領政策が英語教育のみならず、修身をはじめとした『日本の精神』を教育から骨抜きにしてしまいました」。

【解説】

日本に昔からあった「読み、書き、そろばん」が、戦後は「読み」が、修身教育とともに忘れ去られてしまった。この修身教育を通じて、「日本の精神」すなわち日本人のアイデンティティとは何かが、きちんと勉強できていた。改めて日本人は、日本の歴史を紐解いて勉強するべきである。

日本人のアイデンティティを確立するための要件は、次の3つに分けられる。第1は、日本人が持っている固有の国民性だ。日本の文化と習慣の中で培われ古来、変化しないものである。例えば「真面目」「正直」「勤勉」「嘘をつかない」「規律を守る」といった国民性や、組織に対する従順な性格などだ。

第2が、戦後のGHQの占領政策で失われた修身徳育である。実はこれが今の日本人にとって最も習得するべきものだ。例えば、本編で言っている「威厳」とか「尊厳」の背景となる日本的な儒教の精神であり、教育勅語がそれに該当する。

第3は、もともと日本人が持っていないが、リーダーとして本来持つことが望ましいもの。例えば、異民族／異文化との交流能力である。

これらの「日本の精神」を日本人がきちんと認識し、日本人としてのアイデンティティを持って初めて、外国人に対する立ち位置を明確にできる。海外の人たちと付き合う上で必要な、日本人としての考えをはっきり述べられるはずだ。

これまで日本人は、過去の歴史を曖昧にしか勉強しておらず、日本のことに関して明確な意見を述べられる人がほとんどいない。にもかかわらず、「日本の精神」を体系的に教える機関が今の日本にはない。こうしたことを、自ら勉強することは至難の業でである。

小説中の佐々木は今後、この「日本の精神」はどうだったのか、そして、どうあるべきなのかを、チャレンジを繰り返しながら身につけていく。

欧米型スキル中心の研修だけではグローバルリーダーになれない

「私から見れば、GHQ（連合国軍最高司令官総司令部）は日本を海外の情報から孤立させ、日本人の儒教の精神を骨抜きにしてしまったのです。その時に失ってしまったものは何だったのかを今、改めて問う必要があります。

同じ敗戦国でもドイツは、戦後15年の沈黙の後は、ベルリンの壁が崩壊される1990年ごろまでの30年間にわたり『ドイツ人とは何か』というアイデンティティを議論しています。そうした議論を日本人はしていません。むしろ戦後は、それまでの考え方や精神を180度転換してしまっています。転換させるべきではないものまで転換させてしまったところに問題があるのです。ですが、なぜ日本人が、そこまで過去の歴史を突然、捨て去ってしまったのかは分かりません。

いずれにしても日本人は、日本人としてのアイデンティティを持てなくなっているのです。だから、日中や日韓の政治問題で歴史を取り上げられても、ほとんどの日本人はそれに応えられません。政治家も、大東亜戦争のことでは何でもかんでも謝罪してきました。それは、日本人とは誰だったのか、何をしてきたのか、どういう民族なのかというアイデンティティを今の日本人が考えていないからです。

ではどうすれば良いと思いますか。まずは、歴史の中で世界は日本人をどう見てきたのかを紐解かねばなりません。そのためには、歴史上の人物を勉強すればいいと思います。聖徳太子からとは言いませんが、少なくとも、明治維新前後からの日本の歴史と、そこに登場する人物は、きちんと勉強する必要があります。

日露戦争の講和成立に貢献した金子堅太郎や、日英同盟の功労者であった柴五郎といった先達の存在を佐々木さんは知っていますか。過去、日本を支えるために多くの人物が輩出されているのですが、今の人たちは、そのほとんどを知らずに過ごしています。

注釈

金子堅太郎（1853年3月〜1942年5月）：伊藤博文の側近として、大日本帝国憲法の起草に参画。皇室典範などの諸法典を整備した。日露戦争では、日本を有利にするために米国への外交交渉・工作を担当している。英ハーバード大ロースクールで法律を学び、日本法律学校（日本大学の前身）の初代校長を務めたりしている。

柴五郎（1860年6月〜1945年12月）：1900年に中国・清朝末期に起こった動乱「義和団の乱」で、連合軍の防衛戦を実質指揮し、総指揮者である英公私からも賞賛された。これを契機に英国首相と何度も会見し、日英同盟の構想を立案。その後の全交渉に立ち会うなど、日英同盟締結の強力な推進者になった。

教育勅語にあるような日本の儒教教育についても、きちんと把握し直す必要があります。日中韓の歴史も改めて勉強しなければなりません。何が正しくて、何が不明なのか、そして何に謝罪しなければならないのか。そもそも日本軍が戦前、何をしてきたのかをきちんと整理して理解する必要があります。こうした情報が今は散在し過ぎていて、何が正しくて何にバイアスがかかっているのかさえ分からないではありませんか。

今求められていることは昔から必要だった

これまでお話ししてきたことのすべてが、グローバルリーダーになるための必須項目です。こう言ってしまうと気が遠くなるように思うかもしれませんね。ですが、こうしたことは昔から必要だったのであって、今になって急に必要になったわけではありません。ここに、日本企業が半世紀以上も人材のグローバリゼーションをうたいながら、未だに達成できなかった原因があります。

そもそも私がいう『日本の精神』は、その大部分が、グローバルリーダーのためというよりも、あらゆるリーダーが持つべき基本です。そうしたことを今の日本人が勉強していないことは誠に遺憾です。

その意味では、グローバル人材の育成もさることながら、日本企業は、グローバル化という視点で、どのような課題があるのかから考え直さなければなりません。グローバルな日本企業は数えるほどしかありません。そして、グローバルな企業になることと、グローバルリーダーになることは全く違うということも認識しておく必要があります。

グローバルな企業の定義だとか、そのあるべき組織については、私がかつて働いていたコンサルティング企業で専門にしていました。ですが、山下塾では扱っていません。グローバルリーダーは必ずしもグローバル企業のための条件ではありませんし、グローバルリーダーの育成こそが急務だと考えているからです。

このように話をしてきますと、山下塾が、一般的な研修とは全く違うことがお分かりいただけたことでしょう。グローバルリーダー育成の掲げる研修会は多数開催されていますが、こうした日本人に特有の要件を教えているところはありません。

内容をみてみると、異文化コミュニケーションのためのベストプラクティスとか、海外の顧客との効果的なコミュニケーション法とか、ロールプレイイングによるコミュニケーション実践プログラムとかばかりです。

私のアメリカ人の友人の幾人かが、そうしたグローバル研修を3日間とか一週間で実施していますが、彼らの研修資料はアメリカの大学で使っているケーススタディが主体です。つまり、欧米企業の成功事例や、彼らが実践しているコミュニケーションやネゴシエーションの方法が中心です。

そうした研修は、英語ができ、専門性をもって、仕事ができるグローバルリーダーの素地になるものですが、これだけでは外国人に対して我々日本人を理解してもらうためには不十分なのです。残念ながら、我々がさらに習得しなければならないスキルとしての3つの要件は、日本人にだけ欠落しているのです。

もう1つ付け加えるなら、一般的な研修では参加者は高い受講料を払ってくれるお客様として扱います。これは日本でもアメリカでも同じで、参加者の機嫌を損ねないよう細心の注意を払っています。ですから、過酷な宿題や参加者に苦痛を与えるような課題は出しません。研修の評価が悪くなり参加者が減ることを懸念しているからです。

しかし、グローバルリーダーへの道程は本来、過酷なものなのです。だから山下塾では宿題も課題もどんどん出します。言語の壁だけでも厳しいわけですが、私がお話ししてきたようにグローバルリーダーには幅広い研鑽が要求されているのですから」

木元塾頭はかつて、こう佐々木に諭したのだった。

佐々木も、木元塾頭が指摘する事柄は、頭で理解してきたつもりだった。だが、実際に山下塾に参加してみると、想像以上に、その研修内容は厳しかった。だからこそ、これまでの努力が、ここ香港での仕事につながるはずだとの強い思いがある。

そうは思いつつも、今回の競合企業に対して山下塾で身につけた考え方をどう展開していくのかについては、実ビジネスにおける経験不足もあって一抹の不安を感じていた。木元塾頭との会話を思い出しながら佐々木は改めて、塾頭が言うグローバルリーダーの定義通りに行動してみようと思った。

つらつらと思案しているうちに、時計の針は12時を回ってしまった。明日は朝8時からミーティングの予定が入っている。佐々木は慌ててシャワーを浴びようとしたが、その前に東京の妻に電話を入れた。

【解説】

「日本の精神」については、教育勅語にあるような日本の修身を戦後忘れてしまったことで、日本人が精神面で何を失ったのかを整理しておく必要がある。日本の歴史を勉強することは大変なことだが、それはグローバルリーダーとしての要件であると同時に、そもそもリーダーとしての基本でもある。

これまで、多くのグローバルリーダー研修では、ネゴシエーションやコミュニケーションスキル、異文化交流など欧米流スキルの研修項目を中心に据えてきた。それはそれで必要だが、日本人に特有の研修要件が満たされていなかったことになる。そうした要件を満たすための研修項目を追加して学ばなければならない。

果たして佐々木は、真のグローバルリーダーとしての役割に、どう対応しようとするのだろうか？

第2章　競合相手は中国企業だ。

香港支社副社長との再会、日本・香港混合チームによる作戦会議が始動

「ごめん。遅くなって」

日本は午前1時を回ったところだ。ここ香港とは時差が1時間ある。

「いいのよ。でも心配していたわ。無事着いたのか不安でした」

「いや、明日の会議の準備があって遅くなってしまった。これからもう寝るところだ。また明日電話するよ。じゃあ、おやすみ」

「あなた。愛しているわ。明日また電話を待っているわ」

妻への電話は、海外に出た時だけでなく、国内出張でも泊まりの際には欠かしたことがない。男と女では考える頭の回路がまるで違う。妻は電話をしないと、つまらぬ想像をして悩んでしまう性格だ。電話があれば、それで落ち着いてしまう。その心境は、男には到底理解できない。ただ少なくとも、彼女が満足するやり方を佐々木は忠実に実行している。彼女に逆らったり反抗したりすることが、全く無駄だということを彼は理解しているからだ。女は男を理解できるが、男は女を理解しないのではなく、理解できないのだと佐々木はいつも思っている。だから、理解できないままでいいのだと考え、逆にどんなことがあっても必ず、妻には夜電話を入れることにしている。

電話を切った佐々木は、先ほど買ったウィスキーには手をつけず、早速シャワーを浴びて、そ

のままベッドに潜り込んだ。明日は早い。今日は色々と考えたが、いいアイデアが出るわけでもなく、睡魔に襲われるままに眠ってしまった。

翌朝はいつも通り6時に起床した。テレビのニュースをつけて、ラジオ体操とストレッチに15分をかけ、それから狭い部屋の中を走り回って運動をした。海外に出た時はいつも、こうして30分以上は運動するようにしている。

7時にネクタイを締めてスーツに着替えると、書類カバンを携えて、階下のコーヒーショップに向かった。朝食はおかゆと赤豆腐、油条にしている。本当は臭豆腐が大好きなのだが、朝は臭うので食べない。一般の日本人には珍しいかもしれないが、彼はアジアに来た時は常に中華料理を選ぶことにしている。

日本ＩＴＣソリューションの香港支社は、九龍灣國際展貿中心（九龍湾国際貿易・展示センターＫＩＴＥＣ：Kowloonbay International Trade & Exhibition Centre）にある。ここは旧啓徳空港前にある九龍サイド最大のコンベンション施設だ。ホテルがある尖沙咀（チムサーチョイ）から歩いても行けなくはないが、いつもタクシーを使うことにしている。

佐々木は急いで朝食を食べ終わると、ホテルを出てタクシーを拾った。支社までは、道路の混み具合にもよるが、今日は20分かかってしまった。早速、支社が入っているビルの12階にあるオフィスに向かった。時刻は7時45分を過ぎたところだ。

「やあ、佐々木さん。よく香港に来てくれました。あなたが来てくれたおかげで、これからは本社との話がスムーズにできます。なにせ東京は、こっちの状況が分かっていないので、いつも行き違いです。特に競合情報については、ちっとも理解してくれません。そのため、我々の提案も中途半端になってしまうんですよ」

佐々木を出迎えたNippon ITC Solution (Hong Kong) Limited　の森山副社長が、待ってましたとばかりに話しかけた。

森山と佐々木の付き合いは長い。日本にいるときから、よく銀座で飲んでいたので、お互い気心はよく知れている。銀座といっても、五丁目にある泰明小学校の向かいの裏路地で、そこは新橋のガード下みたいな飲み屋がたくさんある。そこの古いビルの1つの地下1階にある「百楽門」という狭い店が彼らの行きつけだった。

百楽門は、かつて上海にあった名門ダンスホールの名前だが、銀座のそれは5坪もないような狭い店だった。そんな場所で2人はよく飲みながら、海外ビジネスでの交渉における課題についても論じ合っていた。

日本が抱えている海外でのビジネス交渉の課題

日本では、少子高齢化に伴う人口減少により市場が毎年縮小し、国内事業の成長の伸び代が小さくなってきている。そこに、円安が追い打ちをかけている。そのため日本企業は、海外に出て市場を開拓する取り組みが、ますます必要になってきている。

日本企業の海外への事業展開はこれまで、ものづくりのための工場進出が中心で、そのほとんどが日本市場で安く売ることが中心だった。それが今は、多くの企業が海外での売り上げを伸ばしたいという方針に切り替わり、ここ数年は企業買収にも取り組んでいる。しかしながら、うまくいっている企業は極めて少ないのが実状だ。

とはいえ、これからは中国や、インド、東南アジアにおける巨大な消費市場に向けた販路を開拓しなければならない。販売先も現地企業を狙っていかざるを得なくなってきている。一方で、中国をはじめとした外資系企業は、日本市場に虎視眈々と狙いを定めている。ハイアール（海尔、Haier）、シャオミ（小米科技、Xiaomi）、テンセント（騰訊控股、Tencent）、ファーウェイ（華為技術、Huawei Technologies）などだ。

Mckinsey China が２０１４年3月に公開した資料によると、年間所得が９０００ドル以上３万４０００ドル未満の中間所得者層は、２０００年には都市家庭の４％しか該当しなかったものが、２０１２年には68％にまで増え、２０２２年には76％に達すると予測されている。

これは、中間所得者数が２０２２年には6億３０００万人になる計算で、中国の全人口でみても45％を占めることになる。つまり、中国の消費者層に、とんでもない変化が起こるということだ。こうした現象は中国だけではなく、アジア全体で同様の変化が起ころうとしている。

にもかかわらず、日本人が海外で営業しようとしても、商習慣や文化の違いから、現地市場での交渉がスムーズに進まないケースが多い。その最大の理由は、資金力とか技術力ばかりではなく、木元塾頭が指摘するように、日本人のビジネスの進め方が「真面目」「正直」「勤勉」「嘘をつかない」というスタイルを抜け出せず、海外でのビジネス展開を阻害していることである。

そんな議論に銀座で熱くなっていた佐々木は、まさしく今、その渦中にある。森山に案内され会議室に入ると、そこには日本人スタッフの山本と鈴木、中国人スタッフの尚と陳が控えていた。今回の交渉に向けた戦略を、このメンバーで練っていく。

佐々木が席につくのと同時に、森山が口を開いた。

【解説】

近年、中国をはじめとしたアジアの消費市場は大きく増大してきている。一方で、中国だけでなく外国の企業は日本市場を常に狙っている。日本企業にとって、中国やアジアの市場は大きなチャンスだが、同時に外国企業から日本の市場を守らなければならない。

そのため、数多くの日本企業が今、海外市場を狙ったＭ＆Ａ（企業の統合・買収）や海外市場に打って出ているが、高値買いをしてしまったり、契約に瑕疵があったりして、うまくいかないケースが後を立たない。国内市場における海外企業に対する防衛策は全くなされていないと言っていいだろう。

昨今の中国人の〝爆買い〟も彼らがやって来てから大騒ぎしている。２０１５年の旧正月には50万人もの中国人が訪日した。２０１４年は1年間で２５０万人だったが、購買力の変化を考えれば今後は、年間１０００万人が訪日してもおかしくはない。そうなったら日本は一体、どうなるのだろうか。誰も疑問も不安も持っていない。日本人は変化に疎いと言える。

日本企業には海外で事業展開できる人材が極端に少ない。そのことは、どこの企業でも分かっているはずだ。だが、そうした人材をこれまで育成できなかった。その理由は、育成方法が間違っていたからだ。結果、今のアジアの市場の急拡大に全く対応できなくなっている。

求める人材は急には育成できないし、そうした人材の育成が完了するということもない。絶えず研磨し続けなければならない。こうしたことにも気づいていない企業は多い。そして、そうした研磨を続けるための機関もない。

中国企業がコスト割れで入札してくるかもしれない

「みなさん。今日は朝早くからご苦労様です。東京本社からも佐々木課長に来ていただきました。香港鉄路有限公司のシステム構築への入札の件が目的です。

ご存じのように香港は、『オクトパスカード』と呼ばれる交通プリペイドカードを１９９７年に導入しています。これは、公共交通機関としては世界の先頭を切って、ソニーが開発した非接触型ＩＣカードの規格であるFeliCaを採用したものです。

オクトパスカードは今では、香港域内の地下鉄から鉄道、バス、香港トラム、ＬＲＴ、フェリー、ケーブルカーまで、タクシーを除くほとんどの公共交通機関で使えるだけでなく、市中のコンビニエンスストアや、コーヒーショップ、レストラン、自動販売機など様々な加盟店や端末で、電子マネーとして決済ができることは、みなさん知っての通りです。

ただ、オクトパスシステムも導入からすでに20年近くが経っています。地下鉄の路線が拡大されることもあり、今回システムも全面的に改定することになったのです。

当社はプリペイドカードのノウハウと、それを運用するシステムの開発・導入に関しては世界最先端の技術を持っています。そこで、この競争入札に参加することになりました。もちろん弊社だけでは対応できないので、三井商事との共同入札です。

三井商事の方は9時半に来られます。その前に、これまでの経緯と状況を説明しておきます。今回、東京からこられた佐々木課長には初めての説明になりますので、不明なところがありましたら、いつでも質問してください」

こう前置きしてから、森山副社長は、手元のＰＣからPowerPointを投影し、入札のための木が質問した。

背景となる情報の説明を始めた。実は、この話について佐々木は、かねてから森山とは打ち合わせをしており、相当に詳細な内容をすでに把握していた。森山の説明は30分ほどで終わり、佐々木が質問した。

その入札の金額だったら、中国でもコスト割れです

「森山さん、これはとんでもなく大きな仕事です。当社もこれまでICカードを中心としたビジネスを手がけてきましたが、今回は交通と決済の社会インフラシステム全体の提案になりますね。ワクワクしてきました。ところで、この提案に対する競合会社は、北京鳳凰信息科技有限公司と聞いていますが、先方の出方はどういう状況なのでしょうか？」

森山は顔をしかめ、しょうがないなあといった表情で佐々木にこう答えた。

「中国企業は今、世界各地で社会インフラ関連事業に手を広げています。ですので、中国企業の競合情報は、多少のガセネタがあっても、分かる範囲で調べました。中国人スタッフの尚と陳が頑張ってくれました。特に尚のお兄さんの友人が、この会社に勤めていたので、同社の状況を聞けたのです」

「我々の調査によると、今回の入札は8億香港ドル（約124億円）が最低ラインだろうと予想されていますが、彼らは7億香港ドル（約108億円）ぐらいで入札しようとしているようです。その金額では中国でもコスト割れです」

すかさず、佐々木が質問した。

「えっ？それで、どうやって儲けるのですか？今回、私が東京で試算してきた金額は10億香港ドル（約154億円）です。それ以下では当社は利益を出せません。７億香港ドルなんて無茶です」

佐々木の質問に答えて森山は続けた。

「確かな情報ではないので、なんとも言えませんが、彼らがよくやる手です。その入札そのものは赤字でも、他のところでカバーしようとしているのかもしれません。それと彼らは『港鉄』（香港鉄路有限公司）のトップとの人脈をしっかり持っているようです。ですから、入札の詳細な経緯も彼らには漏れている可能性もあります。入札期限を彼らが操作できるかもしれません。そうなると我々がスペックを調査している間もなく、締め切りになってしまう可能性も十分にあるのです」

「無茶苦茶ではないですか？全く競争にもなりません」

そう口に出しながら、佐々木は木元塾頭が言った言葉を思い出していた。

「佐々木さん。三十六計の第八計に『暗《ひそ》かに陳倉《ちんそう》に渡る』というものがあります。この意味は、未完成の道路を修理して、そこを通るかに見せかけて、別のルートで敵に不意打ちをかけるということです。これは中国では誰でも知っています。敵に嘘の情報を流し、実はその裏をかくという、相手を落とし入れるテクニックの１つです。

日本人は、こうした悪巧みを図ろうとはしません。中国人は物心がつく前から他人に騙されないよう、この三十六計を子供に教えています。だから、大人になれば、そうした策略を本能的に使ってしまうのです。日本人はよく『中国人に騙された』と言いますが、こうしたことは中国文化の一部と言っても良いでしょう」

木元塾頭が、第八計で挙げていた例は、確か中国の防空識別圏の話だった。中国は、まだまだ空軍が弱いから、拡張した空域を領土のように宣言しても、彼らは守れない。しかし、彼らは空域で日本政府を挑発し、本当は尖閣諸島の海域を占領しようとしているのかもしれないという。今回も、極端なコスト割れの入札は、それ単体の作戦ではないのかもしれない。何か他に裏があるに違いないと佐々木は考えた。だが、それは一体何だろうか?

そんな木元塾頭の言葉に思いを巡らしているうちに時間は9時半を回っていた。三井商事の筒井が訪ねてきたのだ。

三井商事は日本3大商社の1社である。そこで働く筒井はIT事業本部に所属し、この香港に赴任してすでに3年が経つ。年齢は佐々木と同年ぐらいで、香港での職責は、三井商事香港支社のIT事業部部長だ。中国の上海での滞在歴が6年あり、中国語はかなり話せるものの、広東語は日常会話程度しか話せない。

受付から筒井の到着を知らせる連絡が森山副社長に入ると、狭い支社なので、筒井はすぐに会議室に現れた。すかさず、森山が挨拶した。

「やあ、筒井さん。先週は今回の入札についてご相談申し上げましたが、今日からこの入札のための準備プロジェクトを立ち上げることになりましたので、ご足労をお願いしました。お忙しいのにお時間を頂戴して恐縮です」

「とんでもありません。今日は私の他に、スタッフの周を連れてきましたので紹介させてください」と筒井が答えた。

「周です。みなさん、よろしくお願いします。私は深圳出身です。香港に来てまだ半年ですが、よろしくお願いします」と、周は元気よく挨拶すると頭を下げた。

周は３年前に、中国トップクラスの清華大学の経済管理学院を卒業し、三井商事の北京支店に勤務していた。今年から、この香港に配属されている。彼は、今回の競合相手である北京鳳凰を直接知っているわけではないが、北京にあるＩＴ企業の集積地である中関村にあるＩＴ企業を数多く知っている。筒井は周が今回の入札で何かの役には立つのではないかと思い連れてきたのだった。


【解説】

今回のポイントは、競合相手が原価割れで提案してくるかもしれない点である。アジアでは、入札期間を操作したり、入札情報が漏れたりすることはよくある。日本ではあり得ないことが、このアジアでは起こる可能性がある。

こうしたことに、どう対応すればよいのかの心構えが必要である。競合相手が原価割れの入札をしてきたら、そこでくじけずに、どう対応すべきかの心の準備が必要になってくる。「なんとしても勝ちたい」という意思がないと入札前にくじけてしまう。

佐々木は、三十六計の第八計である「暗《ひそ》かに陳倉《ちんそう》に渡る」という計を思い出している。こうした謀は、中国人や華僑の世界では誰でも知っている。彼らは物心つく前から、それを使うように教育されてきたのではなく、そうした謀に騙されないような教育を受けてきている。それが身体に染みついているため、大人になると無意識に使ってしまうようだ。

佐々木が三十六計を思い起こした理由は、競合企業がただ単に原価割れの入札だけではなく、裏があるかもしれないと思案したからである。三十六計は人を騙すためのテクニックだから、日本人はこうした考え方を習熟することはできない。しかし、こうした謀を仕掛けられてきたら、それを見破れるような訓練は必要である。海外での商取引においては、こうした騙しのテクニックを理解しておくことが不可欠である。

北京の競合相手に会おうと筒井が言い出した

「筒井さん、早速ですが弊社のスタッフを紹介します」

そう言って、日本ＩＴＣソリューション香港支社の森山副社長は、本社から来た課長の佐々木をはじめ、香港支社からのプロジェクトメンバー全員を紹介してから、三井商事の筒井と彼の部下である周に、案件の背景などをかいつまんで説明した。

「筒井さんが来られる前に、例の競合相手である北京鳳凰について話していました。特に弊社の尚が、良い情報を持ってきましたので、先方の出方なども説明していたところです」

「なるほど。それは面倒ですな」と筒井は答えた。そして商社マンらしく、こう付け加えた。

「もし、そうした情報が本当なら、中国企業特有のコストより低い価格での安値攻勢になりますね。これは厄介なことになりそうです」

すかさず佐々木が口を挟んだ。

「安値攻勢ですか？」

「そうです。８億香港ドル（約１２４億円）を大きく下回るような入札は十分にあり得ます。あまりにも安い入札が取り消された例は海外でも、あることにはありますが、大量生産品の安値と違ってダンピング訴訟の対処にはなりにくいのです。それを事前に察知して先方に安値入札の是正を掛け合ってもダメでしょうね。技術スペックに対する提案内容に満足できれば、発注側も安いぶんにはいくらでも受け入れるからです。

ですから、安値攻勢は香港当局に根回ししてもダメです。先方が安値攻勢を仕掛けられないように難易度が高い入札要件を発注元に出させる方法もありますが、今回は事前ヒアリングに深く関わっていませんから、それも難しい。先方の安値攻勢は阻止できないでしょう」

筒井の回答に、周が口を挟んだ。

「私は、この北京鳳凰を直接は知りませんが、ＩＴ関連企業が集まる北京の中関村にありますから、私が知っているＩＴ企業を通じて調べてみましょう。先ほど御社の尚さんが同社の情報を入手しているとのことですから、彼とも相談しながら、もう少し探ってみます」

佐々木は、筒井の話に「さすがは商社の人間だけあって良く知っている」と感心した。昨晩から色々と考えても、どうしても勝てないと感じていたが、筒井の話を聞いて、ますます勝てそうにないという不安が佐々木の頭の中を駆け巡った。

「これではどうしようもないな」と佐々木は心の中で思った。

そもそも佐々木は上海にＯＪＴとして3年間、赴任していた。その間には、今回のような大口の営業とか商社とコンソーシアムを組むといった経験はなかった。ましてや中国の競合が、とんでもない安値攻勢をしてくることなど想像すらしていなかった。上海では日々の業務に習熟することが中心で、ダイナミックなビジネスに関わることはなかったのだ。

海外に赴任させてもOJTだけではグローバルリーダーは育たない

日本企業の多くは、海外でOJTを経験させればグローバルでビジネスができるようになると考えているようだ。だが果たしてそうであろうか。答えから言えば、それだけではグローバルリーダーとしてのスキルは身につかない。

確かに、現地のビジネスをどう進めるかは分かるようになるし、顧客が現地の企業であれば現地の言葉が話せるようにはなる。しかし、顧客が日本企業であれば外国語は上達しないし、ビジネスを進められるようになっても現地企業と交渉ができるようになるのかというとそうはならない。極めて限られた範囲での交渉と付き合いだけでは何年経験を積んでもグローバルリーダーにはなれない。

本来、グローバルリーダーの育成を目的としたOJTであれば、それなりの教育プログラムが必要である。ところが、どこの企業でも、そうした教育の仕組みができているという話は聞いたことがない。

日本企業はこれから、新たな市場を求めて海外に展開していかなければならない。そうしたビジネスのチャンスが世界随所にある。だが実態は、そうした場所に派遣できる人材がいない。理由は、世界中どこに行ってもビジネスの仕方が日本とは違うからである。

物を単に売るだけならいい。「品質、価格、納期」の3要素がそろえば物は売れる。しかし、それでは大きなビジネスはできないし、顧客との長い付き合いもできない。売り先の経営者と話ができ、かつ相手に関心を持ってもらわなければならない。そのためには信頼され、尊敬されなければならない。こうしたことが長い付き合いには必須要件であることは世界共通であり、グローバルリーダーの姿である。

そんなグローバルリーダーの必要性を、これまでの日本は、企業も政府も感じてこなかった。かつては日本には圧倒的に優勢な商品があったからだ。だが、今はそんな商品は、そう数多くはない。鉄道技術や建設技術など優れた要素技術は多数あるものの、それだけでは海外市場には展開できない。

トヨタや日産、クボタといったグローバル企業は日本には数えるぐらいしかない。海外売上高が30％を超える企業も多くはない。近年は日本企業も企業買収を仕掛けているが、うまくいっている企業は数えるぐらいしかない。これらはいずれも、交渉に参画できるグローバル人材が極端に少ないことが、大きな理由だ。「ともかくやってみよう」という考えでは、海外ビジネスはうまくいかない。

筒井の意見に対し、佐々木はこう切り出した。

「筒井さん、先方の入札金額がとんでもなく安いとなると、我々はどうすることもできませんね」

筒井はその佐々木の意見に即答した。

「その通りです。その通りなのですが、これだけの機会をみすみす逃すわけにもいきません。ともかく入札相手に事前に会ってみてはどうでしょうか。もちろん、調べて分かることは事前に調べる必要はあります」

「事前に会ってみるということは、北京まで行くのですか？」と佐々木は聞いた。

「もちろんそうです。それなりのレベルの人に会う必要があります。担当窓口ではダメでしょう」

「でも、なぜ競争相手のトップに会う必要があるのですか？」

佐々木は再び筒井に質問した。

【解説】

三井商事の筒井は上海、香港と中国が長いだけあって、現地での入札には長けている。また商社マンらしく、香港での入札の厳しさも十分に知っている。日本でなら、入札の最低金額を想定し、競合企業の状況も分かる範囲で察し、しかるべき金額で入札すればよかった。しかも、日本国内ではもうほとんどないカルテルも、アジアでは日本企業も絡むケースがある。日本人の常識から外れた熾烈なビジネスの駆け引きが日常茶飯事なのだ。

さらに筒井は、競合相手である北京鳳凰の総経理に会おうという考えを持ち出している。安値攻勢にどう対応するか良いアイデアが浮かばないなかで、相手のトップに会ってどう対応するかを決めるという視点だ。日本人は、「100％の味方か、100％の敵」しかない。だが、華僑や中国人、さらには欧米人も違う。片手では手を組んで、もう一方の手で戦っている。例えば、アメリカの中国との貿易高は5000億ドルもある。政治・外交・軍事では対立しているが、経済では米国政府も米企業も中国に最優先の対応を示している。日本人は〝政冷経熱〟と言いながらも、政治で対立すれば経済でも消極的になってしまう。

筒井の考えは、「北京鳳凰は敵だが、どこまでの敵なのかを探ろう」ということだ。牽制できることもあるだろうし、妥協できることもあるかもしれない。もしかすると組める部分もあるかもしれない。様々な可能性があるということだ。そこを彼は読んでいる。日本企業には、こうした競合企業と事前に交渉しようという発想はない。特に外国人とは、そうした交渉とかコミュニケーションをする習慣が、そもそもない。

競合相手の北京鳳凰には「勢い」がある

「なぜ競合企業のトップに会う必要があるのか」という佐々木の質問に対し、筒井が返答する。

「ここまで安値攻勢の対策を色々と練ってきましたが、それは我々が持つ情報の範囲内だけの考えです。ここで相手に会えば、彼らの企みがはっきりするのではないでしょうか？　彼らの動きは色々調べるにしても、実際に北京鳳凰の総経理とか董事長に合えば、どう考えているのかは、もっと明白になるでしょう。

そうなれば、安値攻勢に対して歯止めができるかもしれませんし、彼らが安値攻勢だけでなく、何か他の考えを持っているのかもしれません。相手がどういう人物であるのかが分かるだけでも、我々としては今後、動きやすくなるでしょう」

「なるほど。それはいい考えですね。『競合相手のトップに会う』という考えは持っていませんでした。確かに、相手のトップがどういう人物なのかを見定めることも重要ですね」と森山は言った。

そうした話のやりとりをしているうちに昼になってしまった。森山は筒井を昼食に誘った。

「筒井さん、久しぶりにお会いしたのでお昼をご一緒しませんか？このビルには、あまりいいところはありませんが」

「いいでしょう。ではお付き合いしましょう」


香港でのビジネスには北京の意向が反映される。


森山と筒井、周、そして佐々木の4人は連れ立って、ビルの4階にある喜善中餐廳に行った。店は混雑していたが、4人はなんとか席を確保することができた。レストランはここのほかに2、3あるだけで、他はファストフードの店ばかりだ。最近の香港人は、昼に腰を落ち着けて食べない。4人は、ありきたりのメニューから適当に注文して食事を始めた。

「最近、香港も大陸からの中国人がだいぶ増えてきました」と森山が筒井に話しかけた。

「そうですね。彼らは金を持ってはいますが、行儀が悪いですね。香港人も声はでかいが、もともとイギリス領だったので、欧米流のしつけができています。中国の連中には、そういったものがありません」と筒井が答えた。

「その通りです。深圳からや広州から幾つものルートがあって、中国との往来は今では便利になってきました。ですので、香港が特別区とは言っても実質、中国です」と森山も相槌を打った。

「50年間は〝一国2制度〟と言っていますが、中国政府からすれば『そんなことはどうでもいい』と思っているのでしょう」と筒井は付け加えた。

「アメリカ政府とかイギリス政府がなんと言おうと関係ないということです」と、森山も筒井の言葉に同意した。

「台湾は違いますよ。中国政府は台湾を中国の領土だと言っていますが、彼らはしっかり一線を引いています。台湾国民の意見を尊重しています。香港とは違います。そもそも香港の連中は、ビジネスができればいいというか政治に関心がありません。関心があるのは学生ぐらいでしょうか。彼らは純粋ですからね」。筒井が言葉を返した。

筒井は長年、香港にいるので、香港のビジネスマンの習性とか香港政府と大陸の政府との関係について自分なりの意見を冷めた調子で述べている。彼は香港が台湾とは違って、政治だけでなく、ビジネスにおいても、もう中国化されていると考えている。

だから彼のビジネスの進め方は、大陸の政府とか中国企業の意向を踏まえていかなければビジネスにならないと考えるようになった。先の会議で提案した競争相手に対する作戦も、香港の中だけで解決できるとは思っていない。北京の意向が反映される可能性があるからだ。

２人が、こうした話をしているのを佐々木は隣で黙って聞いていた。小１時間ほど、こうした雑談をしながら食事を終えると、彼らは会議室に戻ってきた。

「今日は、みなさんが集まる初回の会議なので、私の方から今後の入札予定を説明しましょう」と言って、森山は自分が作成した資料を壁に投影した。

「以上のようなスケジュールで今回の入札には臨もうと考えています。先ほど筒井さんが話されましたように、競合企業である北京鳳凰に訪問するのであれば、早急にその段取りをしないと間に合わないでしょう。このスケジュールの中に織り込んでいかなければなりません」

筒井が意見を述べた。

「森山さん、この予定ですと入札までに２カ月しかありません。問題は北京鳳凰への対応ですね。この会社との折衝は多分１回だけではすまないでしょう。場合によっては弊社の董事長にも北京に行ってもらう必要があるかもしれません。彼らの営業は相当手強いと思います。なにせ高度成長期の日本のように〝勢い〟があります」

グローバルビジネスでは〝勢い〟と〝タイミング〟が重要に

佐々木は筒井の〝勢い〟という言葉を聞いて、孫子の兵勢篇における「勢」の一節を思い出した。

「激水の疾くして、石を漂《ただよ》わすに至る者は勢なり。鷙鳥《しちょう》の撃ちて毀折《きせつ》に至る者は節なり。是の故に善く戦う者は、其の勢は険にして、其の節は短なり。勢は弩を彍《は》るが如く、節は機を発するが如し」

この意味は、つぎのようなことだ。

「水の流れが激しくて岩石をも動かすのは、その水に勢いがあるからである。猛禽が一撃で獲物を打ち砕くのは、タイミングが良いからである。故に戦い上手は、戦いに投入する勢いを険しくし、その節（タイミング）を短時間に集中させる。勢は弩（弓）の弦を引くようにし、節は矢を放つ時のようなものである」

中国人は、この「勢」と「節（タイミング）」を大事にする。残念ながら、この「勢」と「節」は、日本企業の評価体系には入っていないようだ。物事はすべからく変動していて、固定的なものはない。そうした状況にあって、敵味方の動静をどう判断するかは、この「勢」と「節」が重要になってくる。

物事のどれが重要であるかを把握していれば、こうした事象の変化に、どう迅速に対応すべきかが分かってくる。こうした対応は中国人の方が俊敏のようだ。現在の中国企業には、この「勢」と「節」がある。今の日本企業で、この「勢」と「節」を持っている企業は少ない。そう木元塾頭が言っていたことを、佐々木は思い出していた。

【解説】

グローバルビジネスにおけるポイントは「勢」と「節」である。中国の多くの企業は、勢いと物事に対するアクションのタイミングを心得ている。北京鳳凰のような競合相手は単年度に50%の成長を目論んでいる。日本企業では考えられないことだ。

そこには経済の高度成長だけではない要素もある。資本主義の歴史も浅い。すべてが新興企業だと言える。だから倒産する企業も多い。ただ母集団が大きいので、生き残る企業の数も多い。北京鳳凰も例外ではない。一歩間違えば倒産だが、中国で成長し生き残っている企業は、動きがダイナミックで、俊敏な企業が多い。

もう1つのポイントは香港という場所である。筒井は小説中で、ビジネスにおいても北京の意向が反映される可能性があると言っている。香港の経済人は、自分がどういう行動を取れば、自らの資産やステイタスが上がるかを知り尽くしている。２０１４年の李嘉誠による大陸不動産の売却も、どの程度まで許されるかを分かってやっている。

香港拠点の衛星テレビ局であるフェニックステレビ（鳳凰衛視）には、中国中央電視台の資本も入っているようだし、人民日報よりもはるかに中国の共産党寄りの報道をしている。一部インテリ層が反北京を時々掲げているが、「アンブレラ革命」のように庶民からはかなり遊離した存在だというのが現実だ。「反日」については、日本の占領時代の経験から、大陸よりも筋金入りの「反日」の人達もいる。

彼を知り己を知れば百戦殆《あや》うからず

「ところで、佐々木さんは今回、どのように参画されるのですか？」

〝勢〟という一語に思考回路を奪われていた日本ＩＴＣソリューションの佐々木に対し、三井商事の筒井が尋ねてきた。この質問に一瞬我に返った佐々木は、今回の出張時に受けた三森事業部長からの命令を反復した。

「私の役割は本社と連携しながら、今回の入札を成功させることにあります」

そう言うと佐々木は、これまでの経歴とスキルを説明した。上海にも3年いたので、広東語は分からないが中級程度の中国語は話せること、中国人の考え方も一応は理解できるようになったなどだ。ただ、今回のような入札で競合相手と交渉する自信はないことも正直に打ち明けた。

「佐々木さん、そうでしたか。それでは具体的に話を進めましょう」。そう言って筒井は、自分の考えを参加者に説明し始めた。

「日本人は敵を調べたつもりでも、その調査が不十分なことが多いと思います。競合相手を知っているようで知らない。我々自身についても、実力を把握しているようで実は自信過剰のようなところがよくあります。ですので日本企業は中国企業と競り合うと負けてばかりいるのです。今回は是非勝ちたい。そのためには、この競合企業を徹底的に調査しなければなりません」

その筒井は既に、北京鳳凰信息科技有限公司の組織図を入念に調査しており、本社トップの人材と、その生い立ちや交友関係から、営業本部の体制、米パロアルトにある研究開発拠点までも調べ上げていた。その内容をプロジェクトメンバーに説明したうえで、筒井は話を続けた。

「私の考えは先ほども言いましたように、この中国のＩＴ企業の総経理に早く会う必要があるということです。ともかく北京に行くのが先決です。入札まであと2カ月しかありません。みなさん。ぜひ一緒に頑張りましょう」

佐々木が、筒井の話を受けて答えた。

「筒井さん、私は孫子の兵法を『山下塾』というところで1年ほど勉強してきました。今、筒井さんが言われたことは、孫子の兵法の謀攻篇の一節として誰もが知っている『彼を知り己を知れば百戦殆《あや》うからず』ということだと思いました。この内容について少し話をさせてください。この言葉の前には、こういった文言があるのです」

そう言うと佐々木は手帳を取り出し、孫子の兵法の一節を読み上げた。

「故に、勝を知るに五有り。以て戦う可きと、以て戦う可からざるとを知る者は勝つ。衆寡の用を知る者は勝つ。上下《しょうか》の欲を同じうする者は勝つ。虞《ぐ》を以て不虞を待つ者は勝つ。将の能にして君の御せざる者は勝つ。此の五者は勝を知るの道なり」

この一節が意味するところは、次のようなことだ。

勝利を予測するには五つの視点がある。

一、戦うべきときと、戦ってはならないときを知る軍は勝利する。

二、兵の多寡による運用を知る軍は勝利する。

三、指揮官と兵士が心を同じくする軍は勝利する。
四、状況に応じた策をもって、無策の敵を待ち受ける軍は勝利する。
五、将軍が有能であり、君主が軍事のすべてを将軍に任せる軍は勝利する。
これら五つのことは、勝利を予測する道理に合った方法なのである。

さらに佐々木は、その後に続く言葉を読み上げた。
「故に曰く、彼を知り己を知らば、百戦殆うからず。彼を知らずして己を知らば、一勝一負す。彼を知らず己を知らざれば、戦う毎に必ず殆うし」と。

佐々木は、「敵と味方の実情を熟知していれば、百回戦っても負けることはないということで、この一節は誰でも知っているのです。でも、それができません」と言った。

読むだけなら4時間、意味を考えるには1週間でも足りない

孫子の兵法を読むうえで大事なことは、言葉ヅラを読んではいけないということだ。2500年前に書かれた言葉であるし、もともと字数が少ない。字面だけ読んでしまうと直ぐに読み終えてしまう。そうではなく、今の状況に照らして、どういうことを意味しているのかを考えなければならない。

最近のビジネスマン／ビジネスウーマンは忙しいせいか、新聞もそうだが、ただ読んだだけで考えずに終わりという習慣がついてしまっている。孫子は読んで文字を理解するだけなら4時間もあれば読めてしまう。しかし、そこで何を指摘しているのか、現在抱えているビジネスの課題に当てはめてみようとすると1週間あっても足りない。

例えば、孫子の兵法の謀攻篇にある5つの視点は、マス目であって解ではない。頭の中に、このデジタルのマス目を置いて、今持っているビジネスの課題であるアナログ情報をマッピングするのが孫子の兵法の使い方である。今回の案件でいえば、北京鳳凰を検討するにあたって、時事刻々と変化する情報をこのマス目に当てはめて考えていく。このマス目は2500年前のものだから、マス目そのものも当然、適宜変えていく必要がある。

孫子の解説が終わり、筒井がプロジェクトメンバーと応答している間に、佐々木は、自らが話した5つの視点を参考に、競合を調査するにはどんな視点が有効かを考えていた。この視点を念頭に置いて、足りない部分は以降の展開において逐次補っていけばよいと思った。

筒井の説明が終わったのを見て佐々木は、孫子の兵法の謀攻篇にある5つの視点を参考にして作った競合調査の視点をメンバーに説明し始めた。

視点1：競合相手はどういう相手か？戦うべきか組める相手か。彼らは中国企業だから、彼らの華僑商法にどのような対応策が必要になるのか。何をもって我々は彼らに勝ったと言えるのか？我々が譲歩できるとすればどこまでか？

視点2：3億米ドル規模の中国IT企業とは、どのようなレベルの会社なのか？今年は1億5000万ドルの売上増を狙うということは何を意味するのか？

視点3：競合相手の情報はどこまで掴めるのか？彼らの強み・弱みをどこまで探れるか？彼らが安値攻勢をしてくる背景は何か？

視点4：この2カ月間で、どこまで段取りができるのか？特に我々は、こうした規模での海外におけるシステム開発の経験がない。日本人だけでは到底、コストだけでなく、文化や言語面からも課題が大きい。海外での開発工数をどれだけ、どのように確保できるのか？

視点5：競合相手の経営者の情報は掴めるか？彼らの関心は何か？保守的かオープンか。協調的か、閉鎖的か。スキルレベルが高いか？一方で、日本の本社はどこまで交渉の条件に対して譲歩を認めるか？本社は共同開発の提案を認めるか？

筒井が佐々木に言った。

「なるほど。私も孫子の兵法は勉強してきましたが、佐々木さんのように解釈した人は初めてです。孫子の兵法をたたき台にして、このような対応策を考えるのはなかなかできませんね。素晴らしいです。是非、この考えに沿って今後の調査を進めていきましょう」

【解説】

佐々木は孫子の兵法の中で誰もが知っている「彼を知り己を知れば百戦殆うからず」という言葉を紹介しているが、ここでは「用意周到にことを進めよう」という趣旨で言っている。筒井が「日本人は敵を調べたつもりでも、その調査が不十分なことが多い」と指摘したのに対し、孫子の兵法の謀攻篇の5つの視点から競合調査に向けて新たな5つの視点を提示したことが、その現れであり重要な点だ。

孫子の兵法を現代の武器に変えるためには、〝デジタルのマス目〟だと解釈し、そこに実ビジネスの課題であるアナログ情報としてプロットするという使い方が有効である。小説中の佐々木は、5つの視点の中で、「相手が中国企業だから当然、孫子の兵法とか三十六計をベースにした華僑商法はよく分かっている」ということをわきまえたうえで対応しようとしている。

グローバルビジネスにおいては、競合企業を徹底的に調べたうえで、分からないところはビジネスが展開していく中で埋めていくといった姿勢が必要である。

森山副社長も競合情報を詳細に調べていた

日本ＩＴＣソリューション香港支社副社長の森山が早速、三井商事の筒井に聞いた。

「ところで、北京には、いつ行きますか？」

「早いほうがいいでしょう」

「では私の方から、早速先方にコンタクトしてみます。北京鳳凰の責任者は総経理の蘇さんですので、彼の秘書にコンタクトしてみましょう」

「是非お願いします。結果は直ぐに連絡してください。私もスケジュールが立て込んでいますが、優先度を上げて対応します」

そう言うと筒井は、プロジェクトのメンバーに挨拶し、そそくさと去って行った。

「みなさん。気合を入れて頑張りましょう」と、プロジェクトメンバーに檄を飛ばした森山は、メンバーそれぞれの仕事の役割とスケジュールを確認していった。確認が終わると森山は、佐々木を伴って自分の部屋に戻った。

森山の部屋は、欧米スタイルのドアが解放された狭い個室で、そこからは彼のスタッフが見えるよう窓際に確保されていた。それぞれのスタッフの席は、胸の高さまであるパーティションで囲まれていて、２人ずつが背を向かい合わせて座るボックス型になっていた。

そこから森山は、秘書の崔に北京鳳凰信息科技有限公司の総経理の電話番号を調べるように指示した。彼の英語は流暢であり、広東語もかなり話せる。だが、北京語は得意ではなかったので、先ほどの会議に同席していた尚を招き入れた。

「尚さん、今、秘書の崔に北京鳳凰の総経理の電話番号を調べさせています。それが分かったら先方に電話してください」と言うと共に、「今回の『港鉄』システムの入札の件で一度話しがしたい」ということ、そして先方から理由を聞かれたら「当方も入札するので内々に話しがしたい」ということ、そして先方が〝談合〟を気にしているようだったら「そうではない」と言うように指示した。そして森山は佐々木に、こう切り出した。

「佐々木さん、実は私も、この会社のことは事前に調べました。先週、下請け会社とのミーティングがあって北京の中関村に行ってきたのです。

私は北京ではいつも『中関村皇冠仮日酒店』に泊まるのですが、北京鳳凰は海淀区中関村南大街にある『中電信息大厦』の10階にあります。そのビルの12階が弊社の下請け会社のオフィスなので、中電信息大厦には何度も行っているのです。そこの下請け会社で『北京鳳凰の情報を持っていないか』と聞きましたら、色々と教えてくれました。

競合企業の総経理と副総経理は米大学院の同窓生

その情報を元に、同社の董事長と総経理、そして副総経理について調べてみました。董事長の蘇氏は総経理の父親のようで、あまり会社には来ていないそうです。事業は総経理と、彼の部下である邱　副総経理の2人ですべて取り仕切っているようです。彼ら2人はアメリカの大学院の同窓生です。特に邱の方は、パロアルトで5年ほど仕事をしていたようです。そのパイプを活かし、ＩＴについては最先端の技術を持っています。

董事長は、同社の創業者ですが、元は北京の中国科学院軟件研究所の研究員として、ＩＴ関連の業務に就いていたことから、中国鉄道との関わりが強いようです。人脈は相当に広く、中央政府の関連部署とのコネがありそうです」

こう言うと森山は、北京鳳凰に関しての調べた情報をひとしきり佐々木に説明した。

森山の説明を聞き終わる頃、佐々木は孫子の兵法の用間篇の一節を思い起こしていた。

「相い守ること数年にして、以て一日の勝を争う。而るに爵禄百金を愛《おし》んで敵の情を知らざる者は、不仁の至りなり。人の将に非ざるなり。主の佐《たすけ》に非ざるなり。勝の主に非ざるなり。故に明主賢将の動きて人に勝ち、成功の衆に出ずる所以の者は、先知なり。先知なる者は鬼神に取るべからず。事に象《かたど》るべからず。度に験《けみ》すべからず。必らず人に取りて敵の情を知る者なり」

その意味は以下の通りである。

「敵と対峙すること数年に及んだうえで、たった1日の勝利を争うのだ。にもかかわらず爵位や俸禄や百金を惜しみ、敵情を知ろうとしない者は、不仁の至りである。人の将たる者とはいえない。君主を補佐する者とはいえない。勝利の主とはいえない。だから、名君や優れた将軍が行動を起こして敵に勝ち、大成功を収めるのは予め敵の情報を知ることに依る。予め情報を知るということは占いや祈りなどではなく、何かの事象から類推するものではなく、自然の法則で推し量るものでもない。必ず人に頼って敵の情報を得ることである」

佐々木は、筒井が調べていたことに対してもすごいと思ったが、森山の競合相手の内情を探ろうとする態度は、日本人離れしていると感心した。日本人は競合相手を調査することは苦手だ。中国人は敵の情報収集を孫子の兵法にもあるように、最も重要な敵に対するアクションだと考えている。佐々木は「必らず人に取りて敵の情を知る者なり」とあるように、必ず人に頼って敵の情報を得るべきだということを、山下塾で勉強してきた。森山はまさしく、そうしたことを実践していたのである。

「森山さん、よくそうした情報を集めましたね。この情報によれば、今回の入札相手は、かなり手強いですね。我々も鉄道関係のシステムは日本国内では、かなり経験してきましたが、今回、我々にとっての脅威は総経理のアメリカンスタイルのビジネスのやり方と、董事長の北京政府とのコネですね。董事長が北京政府とのつながりを利用して香港政府にアプローチをかけているのかもしれません。採算を無視してくるということは、きっと何か裏がありそうです」

【解説】

今回のポイントは、孫子の兵法の用間篇の一節である「必らず人に取りて敵の情を知る者なり」すなわち、必ず人に頼って敵の情報を得ることだという点だ。森山副社長は競合企業の内情を調査していたが、ここは日本企業が不得手とするところだろう。森山が競合企業の情報を得てきた行動を読んで、読者の多くが「スパイ活動」を連想したのではないだろうか。

このような敵の情報をいかに探るかについて、中国人は昔から努力を惜しまない。現在でも米中間の諜報活動は活発だ。特に、中国からは軍事やビジネスの機密情報への侵入が顕著だとされる。日本人は敵の情報を入手することに後ろめたさを感じることがほとんどだろう。

筆者は、グローバルリーダー研修として中国・大連で研修を80回ほど受け持ってきた。そこでは毎回、旅順の東鶏冠山にあるロシア人基地を訪問することにしていた。そこの陣地には深い塹壕が掘ってあり、その中には3つの機関銃の銃口が壕の内側に向けられている。つまり、何も攻撃してこないからと日本軍が、その塹壕に飛び込んだら、その背後から機関銃で日本兵を撃ったのだ。

日本軍の陣地からは、そうした実態が見えない。攻め込んだ日本兵が誰も帰ってこないので、日本軍はトンネルを掘って塹壕に入り込んで初めて、その機関銃がある基地を陥落できた。だが、それまでに数多くの将兵を失ってしまっている。

数々の情報を日本軍は、事前に集めようとしなかった。敵の情報を収集することを昔から「潔し」としないところがある。敵の陣地に奥深く入っていくことは厭わず、積極的に敵の情報を盗もうとしない。「盗むということは悪い」という文化があるからかもしれない。

小説では、筒井や森山副社長という日本人が競合相手の情報を詳細に調査しているが、彼らは中国でのビジネス経験が長い。これまでの日本企業はあまり、こうした調査を徹底していない。また日本企業は安値攻勢を受けると、そこで腰が引けてしまうのが常だ。この点についても小説では、そうしたことに挫けず、積極的に対応しようとする姿勢を意識的に持たせていることにも気づいて欲しい。

競合企業のトップ、蘇総経理とのアポが取れた

「採算を無視してくるということは、きっと何か裏がありそうです」という佐々木の見方に対し森山は、相槌を打ってこう続けた。

「そうだと思います。佐々木さん、早く北京に行きましょう」

森山の強い言葉を聞いて佐々木は、孫子の兵法の作戦篇に、こういう一節があることを思い出した。

「故に、兵は拙速を聞くも、未だ巧久《たくみひさしき》なるを睹《み》ざるなり。夫れ兵久しくして国を利する者は、未だ有らざるなり。故に尽く用兵の害を知らざる者は、則ち尽く用兵の利をも知ること能わざるなり」

この意味は以下の通りだ。

「だから、戦争には拙速だと思えることがあっても、長引いてよかったなどということはない。軍事行動が長引いて、国に利益をもたらしたことなど、未だかつて、あった例がない。だから、軍隊運用の害を熟知しない者は、用兵の利をも知ることは出来ない」

森山の言は、この孫子の兵法通りだと思い佐々木は森山に答えた。

「私は、この入札のためにアサインされています。直ぐにでも北京に行けます」

「そうですか。それでは尚の電話の結果を待っていつ行くのかを決めましょう」

それから森山は、最近の香港のビジネス事情について佐々木に説明し始めたが、小一時間もすると尚が戻ってきた。時間はもう午後4時を回っていた。

「副社長。連絡が取れました」と尚が慌ただしく森山の部屋に入ってきた。

「それで、どうだった」と森山が聞いた。

「秘書に事情を話しましたら、蘇総経理が直接電話に出てくれました。先ほど森山副社長が言われたことを、その通り伝えましたら、会ってくれるとのことです。ただ、彼は来週から2週間ほどアメリカに出張する予定なので、今週しか時間が取れないそうです。香港から電話していると話したら彼は、堪能な英語で話をしてきました。私も北京語より英語の方が楽なので、英語でやり取りしました」

「そうか。そういえば彼はアメリカに留学していましたね。つい忘れていました。英語なら私が話をすればよかった。そうなると、今週、直ぐにでも行かないとまずいですね」と森山は佐々木に向かって言った。

「それでは森山さん　入札の資料作りは彼らに任せて、直ぐに北京に向かいましょう。私は今週、香港にいるつもりでしたので、明日にでも出発しませんか」

「分かりました。では、筒井さんの都合も聞いてから、私が蘇総経理に電話してアポを取りましょう」

そう言うと森山は、まずは筒井に電話をして彼の都合を確認した。そして尚から北京の会社の電話番号を聞いて、蘇総経理に電話した。

「もしもし、北京鳳凰信息科技有限公司ですか？蘇総経理をお願いします。私は Nippon ITC Solution (Hong Kong) Limited　の森山と申します」

「分かりました。少々お待ちください」と先方の秘書が答えた。しばらくすると「総経理は今、会議中ですので、電話があったことを伝えておきます」と返事をしてきた。森山は彼女の返事に怯まずに、さらに続けた。

「申し訳ございませんが、蘇総経理に香港の Nippon ITC Solution (Hong Kong) Limited の森山から電話が入っているとメモを入れて頂けませんでしょうか?」


電話口の秘書は「分かりました」と言い、またしばらく電話口で待っていた。しばらくすると蘇総経理が電話口に出てきた。

「もしもし、北京鳳凰信息科技有限公司の蘇です。先ほど御社の尚さんと話をしましたが、ご用件はなんでしょうか?」と、その総経理は流暢な英語で尋ねてきた。


直接、電話口に出てきた蘇総経理が流ちょうな英語で話した

「私は Nippon ITC Solution (Hong Kong) Limited の森山と申します」と、森山は答えて話を続けた。「先ほど弊社の尚がお伝えしましたように、蘇さんに一度お会いして直接お話ししたいことがあります。来週からアメリカに出張されると聞いておりますので出来れば今週中にお会いしたいのですが、いかがでしょうか?」

「そうですか。それではお時間をお取りしましょう。来週には出張がありますので、今週がいいですね。でも、今日の明日というわけにもいかないでしょうから、14日、水曜日の11時ではいかがでしょうか?担当者も呼んでおきます。場所は中関村の中電信息大厦の10階ですが分かりますか?」

「中関村はよく知っています。御社の入っているビルの12階に弊社の下請け会社がありますので場所も分かります。それでは明後日11時に伺いますので、よろしくお願いします」。

そう言って森山は電話を切った。彼は直ぐに秘書の崔を呼んで明日の北京行きのフライトを調べるように指示した。ホテルは佐々木の分も含めて、いつものホテルを取るようにとも言った。しばらくすると秘書がフライトを調べて戻ってきた。

「いつもお乗りになる香港航空の７時40分発で、よろしいでしょうか？」

「先方との約束は明後日なので、明日のもっと遅い便がいいなあ」

「それでは14時20分の中国国際航空ではいかがでしょう？」

「それにしよう。佐々木さん　この便でいいですか？」

「大丈夫です」

「では明日、この便で北京に行きましょう。筒井さんには私の方から連絡しておきます」

そう言ってから森山は佐々木を夕食に誘ったうえで「少し雑用があるので１時間ほど待って欲しい」と言った。佐々木も東京に連絡しておきたかったのでちょうどよかった。それぞれに雑用を済ませた２人は６時過ぎに香港の繁華街へとオフィスを後にした。

佐々木は、久しぶりの香港出張だったこともあり、森山の誘いには喜んで同行した。彼らは、佐々木が泊まっている尖沙咀（チムサーチョイ）までタクシーに乗って移動し、そこで夕食を採ることにした。

彼らが向かったのは、広東道にある 1881 Heritage だ。そこは１８８４年から１９９６年まで「香港警隊前水警総部」として使用されていた。イギリス植民地時代の雰囲気が強く残るコロニアル建築の建物として、建築物文化遺産として認定されている。そこの広東レストラン「隆濤院（Loong Toh Yuen）」に席を取った。

「僕はこのレストランの雰囲気が好きなんです。昔のイギリス統治時代を忍ばせています。大陸にはない雰囲気です。上海のフランス租界もいいですが、ここ香港のこうした歴史の遺産もいいものでしょう」。森山は、こう言うとおもむろにメニューに目を通して、何品かを注文した。

「このレストランに来たのは初めてです。いい雰囲気ですね。中国への返還前に戻ったかのようです。こういった場所がまだ香港にはたくさんあるので、中国領になったとはいえ大陸とは雰囲気を異にしていて、いいですね。それと尖沙咀の喧騒から離れているので、ゆっくり話ができそうです」と、佐々木は答えた。

【解説】

佐々木や森山は、孫子の兵法の作戦篇の「兵は拙速を聞くも、未だ巧久《たくみひさしき》なるを睹《み》ざるなり」すなわち、「戦争には拙速だと思えることがあっても、長引いてよかったなどということはない」の一節のごとく、ともかく一刻も早く北京鳳凰の蘇総経理に会おうとしている。

佐々木は山下塾で1年間、この孫子の兵法を含め、グローバルリーダーになるための勉強をしてきている。だから、こうした場面において山下塾頭の言葉を思い出せるのだ。

常日頃から勉強したり、議論したりすることによって、ビジネスの課題に対しての対応の仕方を研鑽しておくことは重要だ。絶えず自分の行動を客観的に判断できる訓練をしていないと、日々の仕事の中に埋没してしまい、ビジネスに対しての優先度とか緊急度といった判断を誤ってしまう。

孫子の兵法は、そうした行動基準に対するデジタルな規範を与えてくれているのである。

第３章　どうすれば勝てるのか。

海外の考え方は孫子の兵法「詭道」に沿っている

広東道の 1881 Heritage にある広東レストラン「隆濤院（Loong Toh Yuen）」は、昼間は食べ放題の飲茶ランチがあり結構混んでいる。この日は18時も過ぎ、適当に空いていて、落ち着くことができた。世間話をしながら、食事も半ばになったころ、森山は佐々木に質問をした。

「今回の『港鉄』の入札は、我が社にとって初めての海外現地企業の大口入札になります。これまでに集めた情報では、競合相手はきっと安値攻勢を仕掛けてくるに違いないと思いますが、佐々木さんはどう思います？」

佐々木は丁度、蜜汁叉焼腸粉（チャーシューのライスクレープ）を頬張ったところだったので、しばらく口をもぐもぐしてから、森山に答えた。

「孫子についての考えを交えながら、この競争相手にどう対応するかについて話をさせてください」。佐々木は孫子について、1年以上勉強してきたので、ほぼ主要なところは諳んじていた。

「孫子は13編からなっていますが、その第一篇の始計篇の中に『勢』という言葉が出てきます。『勢とは、利に因りて権を制するなり』という一文があるのです。その意味は『勢とは、その場の状況の有利不利を見極め、主導権を握る』ということです。彼らにはこの『勢』があります」

（第12回では兵勢篇における「勢」について解説しているが、意味は同じである）。

「そして、『勢』のすぐ後に、有名な『詭道』という言葉が続きます」、そう言うと佐々木は、胸ポケットから手帳を取り出して、次の一文を読んだ。

「兵とは詭道なり。故に、能なるも之に不能を示し、用いて之に用いざるを示す。近くとも之に遠きを示し、遠くとも之に近きを示し、利して之を誘い、乱して之を取り、実にして之に備え、強にして之を避け、怒にして之を撓《みだ》し、卑にして之を驕《おご》らせ、佚《いつ》にしてこれを労し、親にして之を離す。其の無備を攻め、其の不意に出づ。此れ兵家の勝にして、先には伝う可からざるなり」

この意味するところは、次のようになる。

「戦争とは、相手を欺く行為である。従って、戦闘能力があってもないように見せかけ、ある作戦を用いようとしている時には、その作戦を取らないように見せかける。近くにいる時には、遠くにいるように見せかけ、遠く離れている時は、すでに近くに来ているように見せる。敵軍が有利なように見せかけ誘い出す。混乱に乗じて相手を撃つ。敵の兵力が充実している時には、これに備え、敵が強大であれば、衝突を避ける。敵が怒っている時には、さらにかき乱し、へりくだって低姿勢を示すことで、敵を慢心させる。敵がゆっくりと安楽にしていれば、疲労困憊させるように仕向け、団結していれば、分裂させる。敵が防御していない不備を衝き、予想していない不意を衝く。これが兵法家の勝ち方であって、事前に伝えておくことはできない」

表と裏の考えと行動を日本人だけが持っていない

「この『詭道』は、孫子の兵法の極意の1つです。中国とかアジアの経営者はこの『詭道』に精通しています。森山さんが心配しているのは、まさしくこのことでしょう。北京鳳凰の蘇総経理も、この『詭道』はよく知っているはずです。安値攻勢をしないと言っても、そう見せかけているだけで、最後には安値入札をしてくると言う意味です。

また技術的には日本より劣っていると言ってきても、実際にはアメリカの技術拠点と連携していて、本心は自信を持っているかもしれないということです。要するに表向きで言っていることとか行動していることと、実際に思っていることとか裏で工作していることは全く違うことです。

こうした表と裏の考えと行動を日本人は持っていません。彼らは本能的に、こうした考えとか行動とかを採る習慣が身についています。そうした表と裏の動きは中国人だけでなく、欧米人も一緒です。日本人だけがこうした『詭道』の考え方を持っていないのです。

ですから、中国人だけでなく、外国人はこうした〝まじめな日本人〟とは一緒に仕事をしたがりません。裏を知らない日本人をビジネスパートナーとしては信用できないからです。蘇総経理がこうした『詭道』を我々に仕掛けてくるかどうかは分かりません。ですが、我々は彼らのこうしたビジネスの文化をきちんと理解しておく必要があります。

『詭道』の手法はもともと敵に対して使う手口なので、勿論、身内とか仲間には使いません。ということは、相手から信頼されて仲間になってしまえば、この『詭道』を相手は使ってこないということです。しかし、孫子の兵法は、国土が広く、日本のように単一民族ではない中国において、数多くの敵に対処するために生まれてきた戦術です。日本人は彼らから見れば昔から『夷《い》狄《てき》』、つまり異民族ですから、元来、信用されていません。

彼らがこのような戦術を仕掛けてきたら、我々は、はめられてしまうかもしれません。我々が採るべき手段は、彼らが『詭道』を使わないような関係になることです。今回の入札では、我々日本人が直接この競合相手である北京鳳凰と交渉しようとしています。ですが、『詭道』といったことを考えれば、我々だけでなく、我々の味方として動いてくれる中国人とか台湾人を採用したほうが交渉を進めやすいと言えます」

一般に、海外における日本企業のビジネスのやり方としては、日本人だけが交渉に携わるケースが多い。本来、日本人は海外でのビジネスのやり方に疎いので、大陸の中国人やアジアの華僑に対応するためには、華僑商法に長けた中国人を採用し、育成すべきだろう。

ただ、日本人は、中国人を採用する際に、両者の文化的な背景の違いから、彼らの能力とか資質を見極めるのが極めて難しい。そのため、うまくいい人材に恵まれれば良いが、必ずしもそうではない場合も多い。

日本の人事評価と中国人の評価の仕方が違うのも、人材を見誤る、もう1つの理由だ。グローバルリーダーとしての日本人とは、海外の競合と取引する際に、その間に入る中国人とか華僑の人材とも仕事ができる人たちでなければならない。もちろん、日本人が直接、競合相手とビジネスができることに越したことはないが、そうした人材が育つまでには相当の期間が必要になるだろう。

グローバルに海外とのビジネスを進めていく上で、日本人が最も組みやすい外国人は、大連の中国人と台湾人だろう。大連はかつて、大日本帝国大連直轄市として日本が直接統治していたため、未だに日本の文化を継承しているし、30万人ぐらいの大連人が日本語を理解する。そういっても彼らは中国人に変わりはないので、日本企業が採用しても、民主主義を知らないし中国政府の意向に左右されてしまう。

一方、台湾もかつては日本が統治していた。日本と台湾との最初の関わりは1874年の台湾出兵だが、日本の領土になるのはその後だ。日清戦争の結果、下関条約によって台湾が清朝から日本に割譲された1895年から、大東亜戦争が終結した1945年までである。

台湾人は大連人以上に、日本の文化と慣習を未だに持っている。民主主義の独立国家であるから、大陸の中国人とは異なる。そのため、彼らは日本人から見れば、大陸の中国人よりも、はるかに互いを理解しやすいといえる。

【解説】

孫子の兵法の「詭道」は、華僑商法の基本である相手をどう目くらますかという戦術だ。中国人の経営者なら誰もが知っているビジネスの基本である。北京鳳凰の蘇総経理も、この手を使ってこないとも限らない。少なくとも彼は、こうしたことには精通しているはずだ。

表と裏の考えと行動を日本人が読めないので、彼らがそれを仕掛けてくれば対応が取れない。日本人は、こうした戦術には長けていないのだ。その術を日本企業が見破るためには、孫子の兵法に精通する必要がある。

本編では、日本側の交渉には日本人だけで当たっている。だが、相手が外国人であれば、日本人だけでは、どうしても相手側とのコミュニケーションギャップが生まれてしまう。これを回避するためには、競合相手との間に入ることができる外国人がいたほうが良い。そして、世界で真の親日国家は台湾しかないということを日本人は認識する必要がある。

机上作戦で勝てなければ実戦でも勝てない

台湾人や中国人は、次のような点で日本人とは異なっている。すなわち、彼らはグローバルにビジネスを展開しやすいと言える。

■どこに行っても、地域の人に溶け込むが、自らの文化と言語は何代にも渡って維持し、母国の親族との関わりを切らない
■物事に対する考え方が極めてフレキシブルで、チャレンジ精神が旺盛である
■自分の責任と権限を明確にする
■仕事に対するスピード感が早い

一方で台湾人は、以下のような点で、大陸の中国人とは異なっている。

■中国人同様に物事の表裏を理解しているが、人懐っこく騙されやすい
■民主主義で、欧米流のビジネスの仕方に精通している
■日本人の物の考え方を理解している

ただし、大陸の中国人でも大連人は、台湾人ほどではないにしても、「日本人の物の考え方を理解している」点では、台湾人と同様である。もちろん中国人なので、台湾人ほど扱い易くはないし、人口も600万人しかいない。台湾人を経営幹部の一員として採用している日本企業もあるが、日本人の役員達の中では浮いてしまうケースがある。それほどにまで、日本の文化と商慣習は特殊だと言えよう。

以上の点を考えると、台湾人をグローバルビジネスのパートナーにできれば、日本人のグローバルリーダーの要件を補ってもらえる。こうした台湾人と日本人の親和性を多くの日本企業は中

国へのビジネス展開の手段ぐらいにしか考えていない。だが、彼らは中国人と同様に、中国ばかりでなく、ビジネスのグローバル展開が可能な民族である。そうしたことに気がついている日本企業は、まだ極めて少ない。

孫子の兵法の始計篇の「詭道」に沿った戦略を説明する佐々木に対し、森山が質問した。

「ということは、蘇総経理が我々を信用するような状況に持っていくということですか？」

「そういうことです。彼らに我々を信用してもらうためには、どう対応するかだと思っています。彼らの安値攻勢に対し我々は価格では対抗できません。相手の懐に入るしか方法はないでしょう。ただ相手が我々をそこまで信頼し、評価してくれるかどうかです。

孫子の謀攻篇にある5つの視点を参考に、新たな視点を作成しました。ですが、その視点の持っていきどころは、我々への信用にあるのではないでしょうか。この信用の究極の姿は、日本社会で以前は多用されていた談合に近いかもしれません。要するに、お互いに信用し、入札を持ち回りにするようなことが〝究極の信用〟のイメージではないでしょうか」。

未だ戦わずして廟算《びょうさん》するに、勝つ者は算を得ること多きなり

そう答える佐々木に対し森山は、そういうことであれば我々はこれから、どのように進めていくのかを質問した。それに佐々木はこう答えた。

「孫子の兵法の始計篇の中に、こういう一節があります。

『未だ戦わずして廟算《びょうさん》するに、勝つ者は算を得ること多きなり。未だ戦わずして廟算するに、勝たざる者は算を得ること少なきなり。算多きは勝ち、算少なきは勝たず。況んや算無きに於いて

を や。吾れ、此れを以て之を観るに、勝負見《あら》わる』

現代語でいえば、こんな意味です。

『まだ開戦していないうちに作戦を立て、廟堂で策を練ってみたときに、勝利を確信できるのは、机上の勝算が相手よりも多いからである。まだ戦闘が始まっていないときに、廟堂で作戦を立案して、勝ちを確信できないのは、勝算が少ないからである。勝算が相手よりも多ければ、実戦でも勝利するし、勝算が相手よりも少なければ、実戦でも敗北する。ましてや勝算が1つもないという状態では、何をかいわんやである。事前に、このような比較検討、戦況判断をするから戦わずして勝ち負けが見えてくる』

すなわち、机上作戦で勝てと言っているのです。机上で勝てないのであれば、実際に戦っても勝てない。日本人は、こうした机上作戦の詰めが甘いようです。前提与件を設定するときに、自分に都合の良いように考えてしまう癖があるようです」

佐々木が言う〝詰めの甘さ〟の例として、日本の政府開発援助（ＯＤＡ：Official Development Assistance）が挙げられる。

日本政府はＯＤＡ予算をつける際、すべてを日本の製品と日本独自の技術仕様の組み合わせで、相手国でのプロジェクトに仕立て上げようとする。そうすることで日本企業だけのコンソーシアムを組もうとするのだ。しかしながら、売り込み先の相手国では、日本の要望通りの組み合わせでは、そのプロジェクトを実行したくない場合が多い。日本案に日本政府はこだわるため、プロジェクトのすべてを失ってしまう。

現地のニーズがなんであるのかを日本の本社なり、政府の責任者なりが把握しようとしていない。日本からのＯＤＡだから勝てると信じているので、現地にいる日本人責任者の声さえ聞き入れようとしない。それで負けてしまうことが多々ある。こうした対応の仕方は、大東亜戦争における現地軍と大本営のコミュニケーションギャップに似ている。この傾向は今でも変わっていないようだ。

その背景には、日本人トップが、権限は現地に委譲しないにもかかわらず、詳細なプロジェクトの内容を把握しようとしないという問題がある。イギリス人とかフランス人、アメリカ人とかロシア人のトップは、現場の実態をトップが熟知したうえで意思決定を下す。結局、日本の場合は、本社や政府からの押し付けのために、すべてを失ってしまう可能性が高くなってしまう。

孫子の兵法が言う「廟算」とは、こうしたことを説いている。机上作戦を成功させるためには、日頃から日本企業のトップが現地の状況を把握し、現地と十分にコミュニケーションを取り、業務内容をきちんと理解して、プロジェクトの内容に関与しなければならない。

例えば、２０１４年に開かれたG20の首脳会合で、米国のオバマ大統領が２５００豪ドルのホテルに泊まっているのに対し、日本の安倍首相が２００豪ドルといった安ホテルに泊まっているということは、海外要人とのコミュニケーションを全く取っていないということを意味している。つまり、世界の情勢がどうなっているのか、その情報を最も把握している各国首脳から得ていないということだ。大使館からの情報だけで、外交政策を判断することは危険なことだが、それが日本の現実のようである。

こうしたことは政府ばかりではない。ビジネスにおいても一緒だ。こうした現象は日本人独特の経営の仕方である。本社と現地で机上作戦にズレが生じてしまうのは、本社が現地の状況をきちんと把握しようとしていないところに問題がある。

こうした欧米と日本の経営スタイルの違いは根が深いところにある。日本の江戸時代、藩校での教育は、実務よりも人格の形成とか威厳の醸成とかが中核だった。そうした結果、日本企業のトップが人物重視になり、実務の詳細を軽視する傾向が生まれたのではないだろうか。

そのため日本の経営は人に依存し、仕事の中身は任せるが権限は委譲しない。結果として、部下が成果を出せないと、そのプロセスを評価せずに結果だけを評価してしまう。欧米の教育では、トップが自ら詳細を把握した上で、仕事を部下に任せる。仕事が失敗しても、経営者はそのプロセスで部下を評価できる。だから、本社と現地のコミュニケーションギャップが日本のようにはならないのだ。

【解説】

佐々木が、競合からの安値攻勢に対処する一番の方法は「相手からの信用を得ることしかない」と森山に諭している。そのために、孫子の兵法の始計篇にある「廟算」を引用し、机上作戦で勝てないことには、実際に戦っても勝てないと言っている。

この机上作戦は、当たり前のように聞こえるが、日本人にとっては当たり前ではない。切羽詰まると、日本人は「ともかくやってみよう」ということになる。華僑商法では、そういったことを絶対にしてはいけないと戒めている。「勝てるかもしれない」という考えを孫子の兵法は嫌うのである。

勝てる確信がなければ相手に負けてしまう。日本企業のグローバル戦略は、こうした失敗がほとんどだろう。この戦術は分かりきったことのようだが、日本人はこの「廟算」で失敗するケースが多い。

また、日本人のトップは部下に権限を委譲せず、作戦の詳細にタッチしないことが問題である。その背景には日本の文化がある。日本人は、お互いの信頼関係を極めて重視する日本的儒教が影響している。仕事の中身に立ち入らず、仕事の中身よりも任せる人を信用する文化がある。

その遠因は、江戸時代の藩校での教えだと考えられる。だが、そこで教えてきた人格や威厳を醸成する教育自体は素晴らしいことだった。それも明治維新後は、西洋の学校システムが導入され、残念なことに、そうした教育は廃れてしまった。そして、威厳を持った人物が明治の終わりとともに急速に減っていった。

さらに、大東亜戦争の敗戦で、GHQ（連合国総司令部）によって教育勅語が廃止になり、かつての教育はすべて姿を消してしまった。戦後は人格形成のための教育と、国家に対するアイデンティティがほとんどなくなってしまった。ところが、仕事そのものではなく人を信頼するという習慣だけが、企業文化として残ってしまったようだ。

ところで、本文で孫子の兵法の書き下し文も記しているのは、孫子の兵法は、この書き下し文で暗記するものだからである。

交渉の切り出しは我々を信用してもらう話題から

「机上作戦の詰めが甘ければ勝てません。最終的に、どこにもって行こうとするのか、そのためには、どんな戦術を使えば良いのか。それが、私が先に挙げた5つの視点ではないでしょうか」と佐々木は述べ、話を続けた。

「ここに来る前から今回の入札は勝てないと思っていたのですが、三井商事の筒井さんの話を聞いてからは、その思いはますます強まっていました。これまで、このアジアで日本企業が中国企業に勝てた事例は数多くありません。先日もインドネシアで大口のアルミナ工場の建設で、日本企業は中国企業に負けてしまったという話を聞きました。

彼らの華僑商法のやり口は様々ですが、そのベースは、孫子の兵法と三十六計です。基本的な要素は『とんでもない安値』『はったり』『根回し』『コネ』『裏取引』『デマ情報』『賄賂』であり、これらを組み合わせるのです。彼らの強さは、こうした戦術とか奸計を小さなときから身に付けていて、それらを意識せずに使えることです。そうした教育を受けていない日本人には、そんな策略を見破れないのです」

「佐々木さん　なんでそんなことを色々知っているのですか？」と森山は佐々木の得意そうな顔を覗き込むようにして尋ねた。

「実は私は1年前から山下塾という私塾で、孫子の兵法や三十六計を勉強していると筒井さんがいた時にお話ししましたね。そこの塾頭の木元さんは、人生のほとんどを欧米と中国でのビジネスに携わっており、そこでの経験に基づいて我々に教えているのですが、彼の経験は華僑商法を中心に語られます。もちろん欧米は華僑商法ではありませんが、日本人には馴染みが深いので、その商法を基本にしているとのことです。

華僑商法の中核にあるのが孫子の兵法と三十六計です。その主要な部分は、こうして手帳に書き、いつでも時間があれば復唱し、頭の整理に利用しています。孫子の兵法は、私にとってはデジタルのマス目です。マス目に、色々なアナログの経験をプロットすることで整理ができるのです」と言って佐々木は、自身の手帳を森山に見せた。

　そして佐々木は、孫子の兵法の計篇の冒頭にある「五事」こそが、リーダーの基本だと言って、手帳に書き留めた一文を読み上げた。

「一に曰く道、二に曰く天、三に曰く地、四に曰く将、五に曰く法。道とは、民をして上と意を同じくせしむる者なり。故に之と死すべく、之と生く可くして、民は詭《うたが》わざるなり。天とは、陰陽、寒暑《かんしょ》、時制なり。地とは、遠近、険易《けんい》、広狭《こうきょう》、死生《しせい》なり。将とは、智、信、仁、勇、厳なり。法とは、曲制《きょくせい》、官道《かんどう》、主用《しゅよう》なり。凡そ此の五者は、将は聞かざること莫きも、之を知る者は勝ち、知らざる者は勝たず」

　そして、この意味を説明した。

「道とは民衆の気持ちを将軍の意思に合致させる大義名分であり、これによって民衆すべてが生死を共にする覚悟を持ち、将軍の意向に疑念を抱かなくなる。

　天とは陰陽すなわち天地自然の理、気温や時節など自然条件のことである。

　地とは、遠いか近いか、険しいか否か、広いか狭いか、などの条件、つまり死を賭して戦うべき地か否かの地勢のことである。

　将とは物事の本質を見抜く智、部下からの信頼、部下を慈しみ育てる仁の心、信念を貫く勇、軍律を徹底させる厳しさなど将軍の持つべき素養のことである。

　法とは軍の編成に関する制度、官職を律する規則、軍の運用に関する規則である。

これら5つのポイントは、将軍であれば誰でも知っていることだが、本質を理解している者は勝ち、理解していない者は負ける」

「五事」はあくまでもデジタルなマス目である

「五事」は一見して当たり前のように読めてしまうがそうではない。佐々木は、「あくまでもこれはデジタルなマス目であって、これから進めていくプロジェクトがどうあるべきかの判断の基準をここに求めていけば良い」といったことを森山に説明した。

例えば、「道とは、民衆の気持ちを国王や将軍の意思に合致させる思想とか理念とか大義名分だ」とし、「人道や道義、道徳など人の進むべき正しい方向であり、民衆と君主が心を1つにすること」だとある。今回のプロジェクトの場合、民衆はいないので、日本ＩＴＣソリューションと利害関係があるのは競合企業しかない。

だが、競合企業と心を1つにすると言うのは変だ。であれば、競合企業と戦う上での当方の大義名分は何かということだろうか。言い方を変えれば、我々は競合企業に対して、我々が進むべき方向に問題がないか、そして、プロジェクトが我々に有利になるにはどう考えれば良いのかということだろうか。

であれば、競合企業から我々が、どう信用されるかが最大の課題ではないだろうかと考えるべきである。そのうえで、我々が意図する道筋が競合企業の意図に反していないかどうかを考えろということである。

「天」と「地」は、彼らを取り巻く環境や条件が当方に有利に整っているのかどうかである。

「将」は、我々の力量に不足はないか、そして「法」は、我々の組織や体制に問題はないかということだ。こうして観念論を避け、敵我の優劣を具体的に比較できる基準を持てれば、事前に勝ち負けは分かることになる。そう孫子は説いていると言ったようなことを佐々木は森山に説明した。

「そうですか。私も、この香港に来てから、孫子の兵法も三十六計も読んでみました。ですが、佐々木さんが言うような柔軟な理解はできませんでした。佐々木さんの話を聞いていると、今置かれている環境を考えるための視点としてのマス目という解釈が合っているように思えてきました。

孫子の兵法を言葉通りにしか読んでいなかったので、この「五事」にしても、我々のビジネスにはあまり関係がないと思っていたのです。彼らに対する戦術について、佐々木さんが考えている内容をもう少し詳しく話してくれませんか？その山下塾では、どんなことを教えているのですか？」と森山は佐々木に質問した。

「山下塾では孫子の兵法と三十六計を教えていますが、そのほかにリベラルアーツと日本の精神を教えています。グローバルリーダーになるための目的で最も重要なことは、外国の交渉相手から、尊敬されたり信頼されたりするだけでなく、ビジネスのパートナーとして尊敬されたり信頼されたりするには、どうすれば良いかということです。

今回、中国ＩＴ企業のトップと会うわけですが、先ほど五事の『道』の話をしましたように、彼に何を話せば信用してもらえるかという点から考える必要があります。どのように進めていくかという方向性としては、まず相手の信用を得ることだというふうに解釈したらどうでしょう。

孫子の兵法が言っていることを突き詰めるのです。

最初から先方に『安値攻勢をしようとしているのではないか』という話をすれば、先方は構えてしまいます。そんな切り出し方では、すぐに決裂してしまうのではないでしょうか」

「では、どのように切り出せば相手は話に乗ってくるのでしょう」と森山が聞く。

「私もまだ突き詰めて考えてはいません。ですが、要は相手に信用してもらえるようなネタは何かということです。話の切り口として、彼の趣味とか関心事から入れれば一番良いのですが、そうしたことを何か知っていますか?」

「いや知りません。彼はアメリカに留学していたということ程度です」


【解説】

佐々木は森山に、孫子の兵法の計篇の冒頭にある「五事」である道、天、地、将、法が勝ち負けの本質だと教えている。その「道」に対する考え方が、彼らが求めている方向性に合致すると解釈した。

その「道」をどう進めるかの第一歩は、競合からの信用をどう得るかだと佐々木は言う。安値攻勢に対して真っ向から戦っても勝てない。だとすれば、先に信用を得た上で、どう対応するかを考えれば良い。相手の懐に入るしかないという考え方である。

まずは相手の胸襟を開くことが重要だ。最後に佐々木が、競合企業のトップについて個人的な関心事などを聞いている。佐々木の頭にはすでに、次の孫子の兵法の一文が浮かんでいるはずだ。

凡そ戦いは、正を以て合《がっ》し、奇を以て勝つ

蘇総経理の趣味や関心事について、森山が「いや知りません。彼はアメリカに留学していたということ程度です」と答えたのに対し、佐々木が応じた。

「そうですか。でも少なくともアメリカのことには関心を持っていそうですね。話の切り出しとしては、中国の話よりもアメリカの話題のほうがいいかもしれません。来週はアメリカに行くと言っていましたから、きっと、ＩＴに絡んだ話題にも関心を持ちそうですね。

ただ、我々は彼が関心を持っている対象について、そもそも参考になる情報を持っていないかもしれないということも考えておく必要があります。下手にアメリカのＩＴが、どうこうと言う話を始めたら、逆に〝釈迦に説法〟で会話にもならないかもしれません。

だとすれば、山下塾でいつも議論しているアメリカの政治・経済・外交あたりの話をしたほうが関心を示す可能性もあります。彼らは我々日本人の行動パターンを知っていますから、そんなアメリカの話題など出しっこないと思っているに違いありません。まずは直接、我々の交渉事とは違うテーマを探して話を始める必要があります。蘇総経理が、どういう人物であるのかを探るためです。それで彼の反応を見てから、どう切り出せば良いかを判断したいと思います」

「話題について、佐々木さんはどうして話ができるのですか？」と森山は尋ねた。

「アメリカ人との商売では、『オバマケア』や『アメリカの外交政策』あるいは『白人警官の黒人の射殺』とか『貧困層の拡大』といった話題を話せないと、『こいつは教養がない奴だ』とみなされ信用してもらえません。アメリカには日本と違って色々な人が住んでいますから、ビジネスを始める前に、お互いの知的レベルを示す必要があるのです。

それは相手のレベルと同時に、彼らの関心事や性格、気性を探るためでもあります。もちろん、何か特技があれば、それでもいいのです。日本人は特技のない人が多いですから、話を切り出すにはリベラルアーツが一番手っ取り早いと思います」

「そうですか。これまで、ここ香港でのビジネスは日本人相手が多かったので、そうした信用とか尊敬とかを得るために何を考え、どう行動すれば良いかといった意識は全くありませんでした。確かに、中国人のトップマネジメントに尊敬されるのは至難の技です。ともかく彼らは、彼らが持っている人脈のネットワーク外にいる人間を信用しません。だから、日本人のほとんどが、彼らの仲間には入れません。佐々木さんの今の話を聞いていると、中国人はアメリカ人と一緒なのですね」

「今回は相手が中国人ですが、蘇総経理はアメリカが長いので、中国の話題よりもアメリカの話題の方が琴線に触れやすいと思うのです。中国人もアメリカに憧れているところはあります。だから今回の蘇総経理へのアプローチはアメリカの話題にしましょう」

凡そ戦いは、正を以て合《がっ》し、奇を以て勝つ

そう言ってから佐々木は、孫子の兵法の根幹の1つ、勢篇の中にある「正と奇」について話し始めた。

「凡そ戦いは、正を以て合《がっ》し、奇を以て勝つ。故に、善く奇を出す者は窮まり無きこと天地の如く、竭《つ》きざること江河の如し。終わりて復た始まるは、日月是れなり。死して復た生ずるは、四時是れなり。戦勢は奇正に過ぎざるも、奇正の変は勝《あ》げて窮《きわ》む可からざるなり。奇正の還りて相い生ずるは、環の端《はし》なきが如し。孰《たれ》か能く之を窮《きわ》めんや」

佐々木は、「現代文に訳すとこうなります」と、この意味を森山に説明した。

「戦闘は、正攻法によって相手と対峙し、相手の想定外の作戦を用いて勝利を収めるものである。だから、奇法に熟練した者の打つ手は天地のように無限であり、揚子江のように尽きることがない。

終わってはまた始まり、尽きることがないのは、太陽や月の動きのようなものだ。死んではまた生き返り、尽きることがないのは、四季の移り変わりのようなものだ。

戦い方には奇法と正法があるに過ぎないが、その奇と正の組み合わせを窮め尽くすことはできない。奇正が循環しながら生まれる様は、輪に端がないようなものである。誰がそのすべてを窮めることができるだろうか」

つまり、真面目に攻める「正」だけでは勝てないということだ。この「正」に対して「奇」が必要とする。「奇」とは策略であり、機敏に裏をかく作戦である。すなわち、根回しとか作戦の迂回とか、だまし討ちとか敵方の抱き込みだ。そして、「正」と「奇」が入り乱れているということは、どこが「正」で、どこが「奇」かを分からないようにすることが大事だとの指摘である。こうした柔軟な対応が日本人はうまくできない。

例えば、慰安婦問題で日本の代表団がアメリカを訪問したが、日本の代表団は日本軍の行動とか事実の詳細な資料をアメリカに携えて、アメリカ人の議員団を説得しようとした。しかしながら、その説得は逆に彼らの反感を買ってしまい、不成功に終わってしまう。「正しいことを言えば相手は必ず理解してもらえる」という日本人特有の〝真面目さ〟が、失敗をもたらしたと言える。

日本の代表団が訪米する前に、在米の韓国人はアメリカ人に対し、「正」と「奇」が入り乱れた周到な根回しをしている。事前に何度も慰安婦の話をしているのだ。こうした根回しは日本社会でも行われるが、日本人はすべての根回しは「正」でしかない。さらに海外では英語もできないから、事前の根回しを周到に行えない。言語の問題だけでなく、外国人に対する交渉の仕方が日本とは全く異なることが、その一原因だ。

加えて、日本という島国に特有の〝阿吽の呼吸〟は彼らには全く通用しない。欧米人は、コミュニケーションのやり方も、相手を信用するためのプロセスも日本人とは異なっている。欧米は、日本のような「正」だけの村社会ではないので、話の持って行き方が、日本人のように単刀直入ではうまく進まない。こうした背景から、日本人はアメリカ人から、なかなか信用されない。信用されなければ事実も聞いてもらえない。

【解説】

佐々木は森山に、日本人は「真面目」で「正直」な性格なので、「正」の視点しか目に入っていないのだと説明している。中国とか東南アジアのビジネスでは、この「正」と「奇」がビジネスの随所で出てくる。日本人は、そうしたビジネスのやり方に習熟していないから、どれが本当で、どこでカマをかけられているのかの区別がつかない。

本編では、孫子の兵法の「正」と「奇」という根幹の考え方が説明されている。「正」と「奇」の意味を要約すれば、「今まで言ったことは正しいですよ」と言った後の言葉で嘘をつくことである。

本当のことと、嘘と曖昧なことを織り交ぜて話す習慣を外国人は持っている。日本人は、そういう話し方を決してしない。値段交渉でも「80％負けてくれ」とは決して言わない。そのため、相手から「80％負けてくれ」と言われると、それが本心なのか、他に意図があるのか全く分からなくなる。日本人は「20％までなら割引いてもいい」という〝狭い範囲の常識〟でしか物を考えていない。不意を突かれるような商売の経験がない日本人にとって、彼らの言が常識なのか非常識なのかすら分からない。

少なくとも、彼らの常識の範囲は、日本人の常識よりも甚だしく広いことは事実だろう。日本人が「正」の考えを持って、海外においてもビジネスを進めていくことは正しいことだ。しかし、「奇」がなんであるかを理解しておく必要がある。でなければ、相手にはめられてしまうかもしれないからである。

訪問の目的をどう切り出すか

佐々木は、慰安婦問題を例にとりながら、森山に孫子の「正」と「奇」についての話を続けていた。

慰安婦問題の根底には、それ自体の問題だけでなく、日本人が日頃から日本の立場とか意見について世界に発信していないし、コミュニケーションもしていないという問題がある。日本人が世界の人たちと交流していないということは、グローバルリーダー以前の問題であり、より大きな課題だ。

政治問題に限らず、ビジネスの世界においても日本人は同様の問題を抱えている。それで、彼らと交渉あるいは共同でビジネスを進めて行くうえで、仕事をうまくやって行けるのだろうか？勿論、営業する国ごとに、その対応方法は異なるだろう。これまでは、M＆A（企業の統合・買収）の後は、先方に任せるケースが多かった。だが、海外市場でモノを販売して行く比重がますます高まることを考えれば、彼らに一層深く関与していく必要がある。

その〝一層深く関わっていく〟やり方が、孫子の「正と奇」なのだ。日本人が外国人を騙すということではなく、彼らがそうした環境で育ってきているということを理解するということだ。そうして初めて、外国人が「奇」を使ってきたときに日本人はその「奇」に対応できる。そうしたことに習熟する必要がある。従来の日本的なやり方では、買収行為もさることながら、買収後の企業に対する経営もおぼつかない。このままでは日本企業の海外でのさらなる成長は期待できない。

日本のビジネスは、例えれば波のないプールのようだ。だが、アジアと中国のビジネスは、5メートルとか10メートルといった高さの波が四方八方から押し寄せる荒海の中を泳いでいるようなものである。そんな彼らと競合し、ビジネスで打ち勝つためには、孫子の「正」と「奇」の二刀流の華僑商法を習得しなければならない。

日本人が中国人のビジネスの仕方を勉強し、精通できれば、相手の行動を見極められる。そうなれば、中国人や華僑ばかりでなく、世界の人たちと対等にビジネスができるようになる。

「そうですか。では、北京鳳凰の蘇総経理との会話はリベラルアーツで切り出すにしても、本題にはどう持って行きましょうか？」と、森山が佐々木に意見を求めた。

「そうですね。蘇さんが我々を信用してくれたとして、彼らがこれから提案しようとしている入札金額について『安値で入札しようとしているのでしょう』とは言えませんからね。ましてや『いくらで入札しようとしていますか』とも聞けません。困りました」

そういうと、佐々木と森山の2人は、しばらく沈黙した。というよりも、ひどく落ち込んだ雰囲気になってしまった。

その雰囲気を嫌ってか森山が切り出した。

「佐々木さん、明日、筒井さんに会った時に彼の経験を聞いてみましょう。彼は安値攻勢に対処してきたと言っていました。そうした経験を聞いてみましょう。今夜はもう10時を回ってしまったので、これくらいにしませんか」

佐々木もそれに同意し、勘定を済ませて、それぞれが帰途に着いた。佐々木は、このレストランからホテルまではタクシーに乗るほどの距離でもなかったので、歩いてホテルに戻った。

ホテルに着くと、その日の疲れがどっと出てきた。目まぐるしい1日だった。明日は急きょ、北京に行くことになったが、肝心の先方との話をどう持っていくかについては、いい考えが浮かばないままに夜が更けてしまった。森山と飲んだワインの酔いも覚めてしまったので、昨日買っておいたウィスキーの小瓶を開けて、グラスに注ぐと佐々木はそれをストレートで口に含んだ。ダブルの量ほどだったからか、すぐに酔いが回ってきた。

佐々木は木元塾頭が好きな孟子の言葉を思い出すと、すかさず、手帳を取り出して声を出して読み上げた。

「天の将《まさ》に大任を是の人に降《くだ》さんとするや、必ず先《ま》ず其の心志《しんし》を苦しめ、其の筋骨を労せしめ、其の体膚《たいふ》を餓えしめ、其の身を空乏《くうぼう》にし、行うこと其の為《な》す所を払乱《ふつらん》せしむ。心を動かし、性を忍び、其の能《よ》くせざる所を曾益《ぞうえき》せしむる所以《ゆえん》なり」

それはこんな意味である。

天がある人に重大な任務を与えようとするときには、必ずその人の精神を苦しめ、その筋骨を疲労させ、その肉体を飢え苦しませ、その行動を失敗ばかりさせ、そのしようとする意図と食い違うようにさせる。それは天がその人の心を鍛え、忍耐力を増大させ、今までできなかったこともできるようにするためである。

「木元塾頭の言う通りだ。今が試練の時かもしれない。さて、今日はもう考えるのを止めよう」

そう独り言を言うと佐々木はシャワーを浴び、いつものように妻に形だけの電話を済ませてからベッドに横になると、いつの間にか寝てしまっていた。

翌朝は5時に目が覚めた。やはり昨日の議論が頭から離れていない証拠だった。森山が筒井とは飛行場で会う約束を取ると言っていた。12時半のフライトだから、それまでに昨晩の話の続きをすることにしよう。

この時間に起きるのは佐々木にとっては、いつも通りなのだが、すっきりした寝覚めではなかった。いつもなら部屋で運動をするのだが、今日はホテルの外に出て、尖沙咀(チムサーチョイ)を散歩することにした。

ここカオルーンホテルがある場所は、〝ゴールデンマイル〟と呼ばれる買い物天国で、ネイザン・ロードの中心に位置している。ビクトリア湾や尖沙咀にある無数のショップやレストラン、香港文化センター、スペースミュージアム、アベニュー・オブ・スターズなど、どこにでも行ける。

５月とはいえ香港の朝は、日本で言えばもう初夏の気候だったので、気持ちが良かった。ネイザン・ロードは尖沙咀から旺角（モンコック）までを南北に走っている大通りである。朝が早いせいか、街にはまだ昼間の喧騒はなく、爽やかな風が佐々木の沈んだ気持ちをなだめてくれた。九龍半島と香港島を結ぶスターフェリーの乗り場まで一時間ほど散策してからホテルに戻った。朝食を取り、現地紙の『サウスチャイナ・モーニング・ポスト』に30分ほど目を通しても、まだ7時半を回ったところだ。部屋で、テレビのスイッチを入れて、ＢＢＣのニュースをただ漫然と眺めていた。ＢＢＣの画面には『Ukrainian separatists ask to join Russia（ウクライナの分離独立主義者たちがロシアへの編入を求める）』という記事が流れていた。

【解説】

今回のポイントは「日本のビジネスは、例えれば波のないプールのようだ。だが、アジアと中国のビジネスは、５メートルとか10メートルといった高さの波が四方八方から押し寄せる荒海の中を泳いでいるようなものである」というところだ。

こうした海外のビジネス環境に日本人が対応するためには、華僑商法、すなわち孫子の兵法に習熟する必要がある。特にここでは「正」と「奇」について解説している。

さらに木元塾頭の言葉を借りて、「天の将《まさ》に大任を是の人に降《くだ》さんとするや」という孟子の言葉を引用している。昔の人は、こうした言葉を頭に入れて、苦しいときを凌いできたのだ。

ビジネスの表と裏が読めない日本人

ニュースは、ウクライナ東部の都市、ドネツクが独立宣言をし揉めていると伝えていた。直前に、クリミア自治共和国が、住民投票でロシア編入への賛成票が95％を超え、議会がウクライナからの独立を宣言。ロシアが3月18日に併合したばかりだった。米欧は「軍事的脅威を背景にした領土略奪だ」との批判を強め、G8からロシアを排除していた。

佐々木は、このウクライナ問題でロシアへの制裁が世界経済に与える影響が気になってはいたが、今はそれどころではなかった。今朝も「明日は先方と話をしなければならない。どういった話をしたらいいのだろうか」と考えているうちに朝を迎えていた。佐々木は、重い気持ちのまま香港支社に向かった。支社に着くと、副社長の森山はすでに出社していた。

「やあ、昨晩は遅くまでご苦労様でした。先ほど筒井さんに電話して、10時に飛行場のスターバックスで待ち合わせることにしました。そこで昨日の続きを話しましょう」と森山は佐々木に話しかけた。

「森山さん、昨晩はごちそうさまでした。なかなかいいレストランでした。料理もいいし、雰囲気も良かった。肝心の明日の作戦のアイデアがまだ浮かびません。今朝も5時に起きてしまい、時間を持て余しました」

「まあ、その件は飛行場で筒井さんと会った時に彼とも相談してみましょう。あと30分もしたら出ましょう」。そう言うと森山は佐々木を会議室に残して、自分の部屋に戻っていってしまった。

真面目すぎることは時としてマイナスになる

１人になった佐々木は、グローバルリーダー育成のための私塾の木元塾頭の言葉を思い出した。

「佐々木さん、日本人は物事を真面目に考えすぎます」

「塾頭、〝真面目に〟ですか？」

塾頭は続けた。

「日本人の真面目なところは時としてマイナスになります。相手の裏を読めないからです」

「裏を読めない？」

「日本人は相手が言っていることをそのまま真面目に受け止めてしまいます。相手は言っていることとは別なことを考えている場合がよくあるのですが、日本人はそれに気がつかない。海外のビジネスではストレートには言わず、話を迂回したり騙したりしなければ商売がうまくいかないことが多々あるのです。裏を読むとはそういう意味です。

彼らは『正』と『奇』を臨機応変に使い分けます。双方を入り乱れて使うのです。そうすると聞いている相手は何が『正』で何が『奇』だかが分からなくなってしまいます（関連記事『交渉の切り出しは我々を信用してもらうための話題から http://it.impressbm.co.jp/articles/-/12802』)。


今、中国政府がドイツ人に作らせたビデオ https://www.youtube.com/watch?v=CArcdVYulrQ が東南アジアに出回っています。ＡＳＥＡＮの友人が送ってくれたのですが、そのビデオには正しいことと嘘が入り乱れていました。それでも、日中の歴史を知らない人が、このビデオを見れば、すべてが真実だと思い、日本人が戦時中に悪いことをしたと信じてしまうはずです。

日本にも、似たようなビデオは沢山ありますが、いずれも明らかに右翼とか左翼とか、どんな主張の元に作ったかが分かってしまう内容なので、外国人は信じません。これが孫子の兵法でいう所の『正』と『奇』の使い分けです。『正』しか使えない日本人のビジネスの仕方が、海外では問題になるのです。

ただ私は、日本人が外国人に嘘をついたり騙したりしろと言っているのではありません。そういうことを仕掛けられるのだから、それを見破るスキルを日本人は身に付けなければならないということです」

塾頭の話を反芻しながら佐々木はここに、今回の蘇総経理との話し合いに向けて、どう攻めていくかのヒントがあるのではないかと思い巡らした。

日本人はビジネスで嘘をつかない。また嘘をつけない。かといって先方に「安値攻勢をしようとしているでしょう」とは言えない。「正」と「奇」の発想に何か解決の糸口があるように佐々木には思えた。

そこに森山が戻ってきた。「佐々木さん　そろそろ行きますか」。森山の呼びかけで、2人は会議室を出て、飛行場に向かった。

飛行場には10時少し前に着いた。待ち合わせのスターバックスは空港内に数カ所あるため、すぐには見つからなかった。ようやく、税関審査後のミーティングエリアにある約束の店を見つけた。店は混んでいたが、なんとか座席は確保できた。筒井はまだ来ていなかった。

「ちょっと早かったですね」と言うと森山は2人分のコーヒーを買ってきた。2人はコーヒーをすすりながら筒井を待った。筒井は10分ほど遅れてやってきた。

「やあ、すみません。雑用が多くて。だいぶ待ちましたか」

「さっき着いたばかりです。筒井さんはホットがいいですか、アイスですか」。そう聞いてから佐々木は筒井のコーヒーを買ってきた。

「佐々木さん、ありがとう。さて、明日の作戦を考えましょうか」と筒井は単刀直入に切り出した。

「昨日は私と佐々木さんとで、明日のミーティングをどう進めるかを考えました。だが、安値攻勢の可能性について、どう話を持っていったらいいのか良いアイデアが見つからず困っています。筒井さんは以前、製品販売で、今回のような事例を数多く扱ってきたとうかがいましたが、そうした経験も踏まえて何かいい方法がありませんか？」と森山は筒井に神妙に質問した。

「私も昨日から、そのことを考えていました。まだ入札もしていないのに『安値攻勢をしようとしているのではないか』とは言えませんよね。かといって入札まで待っていたら、彼らの思うままになってしまう。そうなる前に今回は手を打っておかなくてはならないと思っています」と筒井は答えた。

「手を打つ？何かいい方法があるのでしょうか？」と森山が身を乗り出しながら尋ねた。

【解説】

佐々木と森山は、北京鳳凰の総経理に会った時に、どのように話の本題を切り出したらいいのか良いアイデアがないまま困っている。そんな中で佐々木は、木元塾頭の「相手の裏を読む」というアドバイスを思い出している。日本人は通常、物事を相手にストレートに「正直に」伝えようとするだろう。それでは必ずしも相手にはメッセージが、うまく伝わらない。

木元塾頭は「正と奇」の話をしている。中国人は正しいことと正しくないことを話の中に織り込むことによって、自分の意図通りのことを相手に説得する。そうした「正と奇」の技術は彼らが得意だ。同様のことを日本人はできない。

こうした孫子の兵法の戦術を今回の競合相手に利用できないかと佐々木は考え出している。競合相手は日本人が「正と奇」を知らないと思っているはずだ。「正」しか知らない日本人が「奇」を使うとは考えていないだろう。そこにうまく取り入る方法はないのだろうか。

木元塾頭の言う「日本人は相手が言っていることをそのまま真面目に受け止めてしまいます」という言葉がキーポイントだ。日本人は相手の言う言葉を疑わない。テレビとか新聞の報道を疑わない。日頃から外部からの情報はすべて正しいという習慣がある。

海外では、そうではない。例えば、「ウクライナで撃墜されたマレーシア航空のMH17便は親ロシア派が撃墜した」という報道は西側諸国では誰も疑う人はいない。しかしロシアでは、そういった報道はなされていない。彼らの意見は「親ロシア派が撃墜する理由がないからだ」という。日本人は西側の報道しかしらない。同じように日本人は、インドネシアでの高速鉄道の日中の競合について、中国でどう報道されているかを知らない。

日本人は人を貶めたりすれば村八分になるという社会だ。海外では、そうしたことが日常茶飯事にある。ビジネスの世界も一緒で取引には表と裏があることが多い。嘘と噂、表と裏を日本人が見破れないことが問題なのである。

安値攻勢の裏側を相手の立場になって考える

筒井の「手を打つ」という言葉に反応した森山。彼の「何かいい方法があるのでしょうか？」との問いかけに筒井が答えた。

「実は私も良いアイデアは思いつきませんでした。色々と策を考えてみましたが、我々の立場からでは相手の値引きに対抗できるような手が見つかりませんでした。森山さんのところの調査では7億香港ドル（約１０８億円）で入札してきそうだという話がありましたよね。実際には彼らが、いくらで入札してくるのかは分かりませんが、少なくとも最低予想金額よりも低く入れてくることは十分考えられます。そうなってしまったら、我々には勝ち目はないでしょうね。彼らに対抗しても利益がでません」

「ということは、彼らが安値攻勢で入札してきたら、もうそこで勝負は終わりということですか？」と、森山は神妙な顔で筒井に聞いた。

「そうです。仮に彼らが7億香港ドルで入札してきたとしても、我々は採算が取れるような応札はできません。

ただ先日、佐々木さんが孫子の謀攻篇にある5つの視点を作成されましたよね。その視点での最大のポイントは『相手の立場になってみる』ことだと私は思ったのです。彼らが仮に安値攻勢を仕掛けてくるとすれば、当然どこかでそれを取り返そうとしているはずですし、それだけで済まさないでしょう。彼らの今回の提案には弱いところが必ずあるはずです。ですから、彼らの立場になって考えてみれば、違った視点が見えてくるのではないでしょうか？

まずは、彼らがなぜ安値攻勢をしてまで、今回の案件を取ろうとしているのか。そこを彼らの立場になって考えて見る必要はあります。仮に、その裏があるにしても、彼らは彼らなりの考えで行動しているはずです。その考えを分析したいと思うのです」

「彼らの立場になる？どういう意味でしょうか？安値入札に対して、どこかで取り返そうと考えているのではないかと言われましたが、今回の入札はシステム開発案件だけで、それに付帯するような開発案件は見当たりませんが」

彼らが真に求めているものが何かを考える

「いえ、私が言いたいのは、きっと彼らが考えているであろう裏が何かということと、今回の彼らの提案にも弱点があるはずだということです。そこが分かれば彼らに食い込むための切り口が見つかるはずです。蘇さんに会うのは明日なので、今夜は弊社の北京支社の社員に会ってみませんか。この件で、さらに何か分かるかもしれません。事前に行くと連絡はしてありますが、もう一度電話を入れて今の懸念点を話しておきましょう」

そう言うと筒井は、その場で北京支社に電話を入れた。

「もしもし、大神さんですか」と、筒井は電話で、先ほどの話をかいつまんで大神という北京支社の女性に説明した。併せて、今夜の会食場所を確認してから電話を切った。

「時間が経つのは早いですね。11時半を回ってしまいました。ラウンジによって軽く何か食べましょう」という佐々木の呼びかけで3人はラウンジに行くことにした。ラウンジに着くと筒井が言った。

「今夜は弊社の大神が、みなさんと夕食をご一緒することにしています。彼女には先ほどの話の件も頼んでおきました。何かいい情報が入るといいですが。彼らの立場になって考えてみれば、彼らの意図とか弱点がもっと見えてくるはずです」

そう言うと筒井は、食べ物と飲み物を探しに行った。筒井を目で追いながら森山が言った。

「佐々木さん、我々も昨日から色々悩みましたが、筒井さんの言う通りですね。そもそも安値攻勢を仕掛けるということは、どこかでその見返りを期待しているからでしょうが、問題は採算割れでも入札してくることではなく、彼らの弱点は何かが我々が求めている核心かもしれませんね。そこがはっきりしてくれれば、我々もそれなりの策が考えられます」

「昨日からずーっと悩んでいましたが、筒井さんは、いいことを言いますね。確かにその通りです」と、佐々木が森山に話をしているところに、筒井が食べ物と飲み物を持って戻ってきて話を続けた。

「ところで、彼らは、もしかすれば北京政府を通じて何か情報を入手しているのかもしれません。『港鉄』が、今回のシステム開発以外に何か別の案件を考えているのではないでしょうか？彼らが良くやる手ですが、入札直前になって別の案件を出してくるのです。そうなると我々は直前に出された案件に対する材料がなく入札できません。そんな信じられないようなことが海外では時々あります。これは発注元と結託していないとできません。今回もそういう可能性は十分にあります。

ただ先ほども言いましたように、そうした彼らの諸々のことがあったにしても、彼らの弱点がないかどうか、そこに食い込めるかどうかです」

筒井は、「めんどくさいことになりそうだ」と言ったような顔で２人に話をした。３人はラウンジで食べ物とか飲み物を適当に取ってきて食べ終わると、搭乗口に向かった。

佐々木は座席に着くと、先ほどの筒井の話をもう一度頭の中で考えた。彼らの立場になって考えるということは思いつかなかった。孫子で言うところの彼らの策略ばかりに頭が行っていた。

三十六計の第十七計にある「磚《れんが》を抛《な》げて玉を引く」という一文を佐々木は思い出した。エサを使って、その罠に敵をおびき寄せろという意味だ。彼らの弱点は何かを彼らの立場になって今一度考えて見る必要がありそうだ。その弱点を引き出すようなきっかけはないだろうかと佐々木は考えた。明日の北京鳳凰との面談で何か投げかけられそうな「磚《れんが》」はないだろうか。

そうした何かが想定できれば、それをネタに彼らと交渉できるかもしれない。一体それはなんだろうか？そうしたことを考えているうちに、飛行機は北京に着いてしまった。空港には大神が3人を迎えに来ていた。

大神は筒井の元部下で、三井商事の北京支社に駐在して2年になる。彼女は慶応大学を卒業後、三井商事に勤務し、この北京駐在になる前はグロービス経営大学院に通っていた。英語は堪能で、北京語も既に日常会話には不自由しないレベルになっていた。彼女は、この北京支社の社員だけでなく中国人との交流がうまく、北京に滞在して2年足らずで、相当の人脈を築いていた。

【解説】

今回のポイントは、筒井が「北京鳳凰の立場になって考えてみれば、本題に切り込む糸口が見つかるのではないか」と提案していることだ。安値攻勢をしてきたら対抗できない中で、競合会社が安値攻勢をしてくるには、それなりの理由があるはずだと考えるべきである。さらに彼らの弱点を見つけられれば、彼らとの交渉の糸口を見つけられる。

筒井の視点は北京鳳凰の弱点が何かである。佐々木は、筒井の言葉を彼なりに考えて、三十六計の第十七計に「磚《れんが》を抛《な》げて玉を引く」という計が利用できないだろうかを思案している。彼らは、北京鳳凰の安値攻勢の背景となる情報が入手できるだろうか。入手できたとすれば彼らは、どんなアクションを考えだせるのだろうか。

第4章　敵地の北京に乗り込む。

安値攻勢の裏にはやはり〝次の案件〟があった

「筒井さん、お久しぶりです。車を用意しておりますので、まずはホテルまで、みなさんをお送りいたします」。そう言って大神は、8人乗りのワゴンカーに、3人を案内した。飛行場から宿泊する中関村皇冠仮日酒店までは小一時間ほどで着くと説明してから、彼女は話を始めた。

「筒井さん、例の会社ですが、調べてみました。うちの社員の家族に、その会社の社員がいました。その家族は、今回の入札には直接関与はしていないのですが、探りを入れてくれました。詳細には分からないのですが、大きな流れは把握できました」

そう言うと大神は、調査で得た情報を3人に説明した。それは、筒井が予想していた通りだった。彼らは、香港の「港鉄」と情報を通じていて、懸案の開発案件とは別に、もう1つの開発案件にも入札しようとしているのだろうということだ。もう1つの案件とは、運行の安全管理システムで、規模もほぼ同じらしい。入札期間を極端に短くし、彼らだけが入札できるように画策しているという。大神の説明が終わると、筒井は口元に笑みを浮かべてこう言った。

「大神さん、ご苦労さま。そんなことだろうと思っていました。この案件だけで安値攻勢を掛けることはあり得ないからです。もう1つ隠れた案件があったのですね。

かつては日本でも安値で〝次〟を獲る方法が半ば習慣化していた

日本でも昔は、こういうことが頻繁にありました。入札金額を極端に低くし、その案件を獲得したら、次からは随意契約と称して最初の赤字分を補填していくというやり方です。そうしたことは半ば習慣化し、大手はＩＴゼネコンと呼ばれていました。みなさんも覚えているでしょう？今のアジアも同じようですな。もしかすると、北京鳳凰の蘇総経理は、『今回の入札を譲ってくれたら我々にお金を払う』と言ってくるかもしれません」

「え！金を払う？」と思わず佐々木が筒井に聞き返した。

「そうです。金を払うから今回の入札を降りてくれと言ってくるかもしれません」

「それはどういうことですか？」と再び佐々木が聞き返した。

「我々が下りれば、彼らは入札金額を上げて、なおかつ、もう１つの案件も手に入れるということです」

「そんなことが、許されるのですか？」

「このアジアだけでなく、日本でも２０００年初め頃までは良くあったようです。以前、経済産業研究所の報告書で、こんな関連プロジェクトの記事を読んだことがあります。ＮＴＴグループだけで官公庁需要の４割を占めていて、これに、日立、ＮＥＣ、富士通のいわゆる「旧電電ファミリー企業」を加えれば、６割も独占していたというものです。そうしたベンダーロックイン、すなわち昔から出入りをしていた企業の既得権益が守られていた時代があったのです。

今回の案件は、やり方は全く違いますが、今の大神の話を聞いていますと、安値攻勢を仕掛け、その次の受注が紐付きであるということは、その現象面だけを見ると、かって日本で行われていたことと全く同じでしょう。

そういう風に見れば、今回の安値攻勢もうなずけるところがあります。日本の場合は初年度は安値で落札し、次年度以降は高値で随意契約を結ぶというパターンでしたが、考えようによっては今回も、それに似た仕組みでしょうね。そんなことだろうと、ずっと思っていました。

やはり我々にとっての最大の関心事は、今回のプロジェクト実行における彼らの何らかの弱点を見つけ出し、そこを突けるかどうかでしょうか。その弱点が何かを探る必要があります」

「みなさん、ホテルに着きました」という大神の声で外を見ると、車は今回宿泊する中関村皇冠仮日酒店の車寄せに入っていくところだった。

「今ちょうど5時です。6時にロビーに集合しましょう。今日は中関村の『紅京魚』という四川料理のお店を予約しています。海淀中街ですので、すぐ近くです。ではみなさん後ほどお会いしましょう。筒井さん、ちょっとお話があります」

そういって大神は、筒井がチェックインを済ませ、荷物を部屋に置き戻ってくるのを待った。筒井がロビーに戻ると、大神と筒井の2人はコーヒーショップに消えていった。

必ず戦果を挙げるには敵の手薄なところを攻める

佐々木はチェックインして部屋に入ると、先ほど筒井が話してくれた日本の談合のことを思い起こした。そういえば日本にも〝1円入札〟という言葉があった。大手だけの競合同士が仲良く仕事を分け合っていた時代があったのだ。

今回の入札は、そのプロセスは違うが、似たようなものだといえば確かに裏取引である点は同じなのかもしれない。日本は村社会だから競合でも互いの持ち回りでビジネスが続けられた。だが、このアジアでは、そうした平和なビジネスのやり方は成り立たないだろう。だから騙し合いになるのかもしれない。そう考えると、彼らのやり方に、そう驚くほどのこともないと佐々木は思った。

安値攻勢にどのような裏があろうと、我々としては対策のしようはないのだろう。我々が彼らと、どう関わっていくかであり、そのためには、彼らの弱点が、どこにあるのかを見つけ出す必要があるという筒井の考え方はもっともだった。

木元塾頭は、いつもこう言っていた。「強い敵との勝負では真っ向から攻めては勝てません。敵にも必ず弱いところがあるはずです。そこを見極めて攻めればいいのです」。そう話していた塾頭は、孫子の兵法の虚実篇の一節を気に入っていた。

「千里を行きて労せざる者は、無人の地を行けばなり。攻めて必ず取る者は、其の守らざる所を攻むればなり。守りて必ず固き者は、其の攻めざる所を守ればなり」

意味は以下の通りである。

「千里もの長距離を遠征しても疲労が少ないのは、敵の手薄なところを進むからである。攻撃すれば必ず戦果を上げることができるのは、敵が手薄な所を攻めるからである。守りが堅牢であるのは、相手が攻め難い所を守っているからである」

塾頭は続けて、こうも言っていた。

「この一節の後段に『能く敵の司命を為す』という言葉があります。その意味は、敵の命運を自在に操れるということです。そのためには、敵を攻めるところはどこかを見極める必要があります。一方で我々は、敵に我々の弱点を見破られないようにしなければなりません」

なるほど。そうなると彼らは、今回の案件は絶対的な自信を持って獲得できると考えているに違いない。だから我々との交渉になっても全く譲歩はしないだろう。

そう思案しているうちに6時になってしまった。佐々木は荷物を片付ける間もなく、慌ててロビーへと急いだ。ロビーではすでに全員が集まっていた。

「ホテルからはお店までは地下鉄で1駅ぐらいですので、大した距離ではありません。みなさん、散歩がてらに歩いていきましょう」。そう大神は笑顔で言うと、全員の先頭に立ってホテルの外に出た。

【解説】

筒井は、競合相手の北京鳳凰が安値攻勢してくるのは何か訳があるのではないかと勘ぐっていたが、彼の北京支社の調査結果はまさにその通りだった。日本でも、こうしたことは「ITゼネコン」と称され昔は頻繁にあったように、、このアジアでも同様のことが、やり方こそ違え行われるだろうという認識だった。

日本人は嘘をついたり騙したりはしない。だが「談合」という裏取引を国家を相手に日常的に行ってきた。相手を騙すのではなく、共謀していたところが、アジアのやり方とは違っている。

また佐々木は、孫子の兵法の虚実篇にある「千里を行きて労せざる者は、無人の地を行けばなり」という木元塾頭の好きな言葉と、それに続く「攻めて必ず取る者は、其の守らざる所を攻むればなり」という言葉を思い出している。すなわち、攻撃すれば必ず戦果を上げられるのは、敵が手薄な所を攻めるからだというところである。その攻めるところが何かを見つけようと考えることが重要なポイントなのである。

日本人の〝真面目さ〟を逆手に相手の虚を衝く

5月の北京は、かつては爽やかだった。それも最近は、大気中に浮遊する微粒子PM2・5のおかげで空がどんよりしている。ただ、思っているほどは大気が汚れているという感じはしない。10分ほど歩いて店に着いた。この四川料理の店『紅京魚』には円卓とボックス席があるが、今回は4人だったのでボックス席に案内された。

「ここの四川料理は特に辛いので有名です」。大神はメニューを見ながら説明を始めた。「名物は、ナマズの一種の江団魚のラー油煮込みと蟹の唐辛子炒めで、…」と、料理をみんなに説明しながら、メニューから選び注文した。この店には、草魚とかナマズ、カエル、田うなぎ、ライギョなどの変わった料理がある。そのいくつかを大神は注文した。佐々木は、そのどれも食べたことはなかったので興味津々だった。

料理は結構辛かったが、珍しい魚ばかりだったので話が弾んだ。北京は空気が悪いのと物価が高くなってきたので、日本円で給与が支給されている大神は「生活が大変だ」とこぼしていた。習近平の腐敗撲滅運動のせいで、北京では高価なレストランは軒並み経営不振に陥っている。一方で、経済成長が停滞しているとは言っても、まだまだ不動産バブルの余波があり、街は活況を呈しているといった話に花が咲いた。

なんと言っても、ここ中国は日本と違い、1人当たりGDPが1万ドル以上の都市に住む人口が2010年の1億人から2015年には4億人近くにも増えている。そう考えれば、インフレ率が2%以下という中国政府の公式な発表とは裏腹に、わずか3年で物価が2倍近くも跳ね上がっているのが現状だ。

料理も終わり近くになったところで、森山が話題を変えて、こう切り出した。

「先ほど、大神さんの説明がありましたが、その件でみなさんのご意見をお聞きしたいのですが。大神さんの話では、もう1件、別の入札を彼らが期待しているそうですが、蘇総経理には明日どう話を切り出しましょうか?」

「まずは相手の出方を見ないとなんとも言えませんが、いくつかの対応策は考えておいたほうがいいですね」と筒井が答えた。そこで森山は、佐々木が昨日提案した「相手に対しての信頼をどう取り付けるか」について説明した。

「それでは、彼はアメリカでの生活が長いので、アメリカの話題から入りましょう。それで本題は、どう切り出しますか?」と筒井が言った。

進みて禦《ふせ》ぐ可べからざるは、其の虚を衝《つ》けばなり

森山と筒井の会話を聞きながら佐々木は、木元塾頭が言っていた孫子の兵法の虚実篇にある、こんな言葉を思い出していた。

「進みて禦《ふせ》ぐ可べからざるは、其の虚を衝《つ》けばなり。退《しり》ぞきて追う可べからざるは、速やかにして及ぶ可からざればなり。故に我れ戦わんと欲すれば、敵、塁を高くし溝を深くすると雖も、我れと戦わざるを得ざる者は、其の必ず救う所を攻むればなり。我れ戦いを欲せざれば、地を画して之を守るも、敵の我れと戦うを得ざる者は、其の之く所を乖《そむ》けばなり」

それは、次のような意味である。

「こちらが進撃しても、敵が迎え撃つことができないのは、こちらが敵の弱点を衝いているからである。こちらが退却しても、敵がそれを追撃できないのは、退却が素早くて追いつけないからである。そこで自軍が戦いたいと思えば、敵が仮に土塁を高く積み上げ堀を深くしたとしても、敵は戦わざるを得なくなる。それはこちらが、敵がどうしても救おうとする要衝を攻撃するからである。自軍が戦いたくないと思えば、地面に線を引いただけの陣地であっても、敵はこちらと戦うことができない。それは敵が想定してない場所に布陣するからだ」

要するに、敵が思ってもいないところを突くことが重要だという指摘である。佐々木は、北京鳳凰の蘇総経理に対して、彼が予想もしていない安値攻勢の話をぶつけてみてはどうだろうかと考え始めていた。虚を衝こうという作戦だ。

しばらく考えてから佐々木は、孫子の兵法の虚実篇からの言葉を説明し、こう切り出した。

「彼らは、孫子の兵法で言っている『進みて禦《ふせ》ぐ可べからざるは』という言葉で指摘しているようなことを日本人が言い出すとは思っていないでしょう。それを明日、うまく使えないでしょうか？彼らは日本人は〝真面目〟だという認識は持っているはずです。その〝真面目〟を逆手に取れませんか？」

「というと？」。森山が聞き返した。

「彼らは彼らなりに我々の手を読んでいます。その読んでいるであろう筋書き通りに話を持って行ったらどうでしょう?」

「ということは安値攻勢の件をストレートに言ってしまうということですね」と、筒井が佐々木の話を言い換えた。

「その通りです。彼らは中国鉄道など、中国企業の入札案件の状況を熟知しています。それで中国企業が勝ってきているのですから、きっとその件で相談しに来るのだろうと思っているはずです。彼らが思っている通りのことを話せばいいのです」。そう佐々木は答えた。

「でも、そうして言ったあとで我々は何を提案するのですか?」と森山が聞いた。

「確かに佐々木さんが言うように、安値攻勢をするのではないかとストレートに言ってしまえば相手は『まさか、そんなことはしない』と言うに違いありません。そうすれば我々は『安心しました』と言えばいいのではないでしょうか。彼らもビジネスマンですから、そう無茶なことは言わないでしょう。我々がそう言ってくるだろうと彼らが思っていることを言えばいいと思います。ついでに、入札予想最低金額についても探りを入れてみたらどうでしょうか?

我々が何を彼らに提案するのかが森山さんの質問ですが、私も良いアイデアは今の所ありません。ただ先ほども言いましたように、相手の立場になって考えることとか、彼らが今持っている弱点は何かを想定することだと思っています。そこは今晩、考えさせてください」と筒井は言った。

「なるほど。分かりました」。それに続けて森山は「かなり遅くなったので、今日はこれまでにしましょう」と言った。時刻はもう10時を回っていた。

ホテルに着くと筒井は、「では明日は10時半にホテルを出ますので、このロビーで待ち合わせましょう。朝食は各自で適当に済ませてください」と告げてエレベーターホールに消えていった。
佐々木は部屋に戻るとＰＣを開きネットにつなげると、２日間も溜めてしまったメールに目を通した。先ほどの議論の続きを考える間もなく、気がついたら12時を回ってしまっていた。慌てて妻に電話をし、シャワーを浴びると直ぐに寝てしまった。

【解説】

孫子の兵法の虚実篇の「進みて禦《ふせ》ぐ可べからざるは」が、今回のメッセージである。競合相手の北京鳳凰の虚を衝こうという作戦だ。彼らは相手が日本人だということで、こうした画策はしないと思っている。それを利用しようという手を佐々木が考えた。ストレートに安値攻勢の話を切り出しても相手は驚かないはずだと読んだ。さらに、相手の懐に入って、安値攻勢を否定させようという作戦を考えている。

しかし、次の手を彼らは、どうしようというのだろうか。まだ相手が何に困っているかは分からない。少なくとも安値攻勢を仕掛けようとしていることは明らかなようだから、そこから掛値なしに話を切り出してみようということだが、その先のことは、まだなんとも分からない。そう切り出したとき、蘇総経理は実際、どういう出方をするのだろうか？

少なくとも北京鳳凰側に「日本企業に負ける」ということは念頭にないはずである。しかしながら、彼らもこの案件に勝ってもプロジェクトを進めていく上での懸念事項があるはずだ。そこをどう考えるかが、蘇総経理との駆け引きのカギを握っている。

競合相手の蘇総経理に対米ビジネスの話題で仕掛ける

ＩＴＣソリューション課長の佐々木は、いつもの通り朝5時に起きて、いつもの通りに朝の日課を終えると、7時にロビーに降りてコーヒーショップに向かった。すでに三井商事の筒井が朝食を食べ始めていたので、そこに同席した。

「筒井さん、おはようございます」

佐々木は筒井に挨拶した。

「おはようございます。昨夜はよく眠れましたか？」

「少し睡眠不足気味ですが、熟睡はできました。いよいよ始まりますね」。

そう言って佐々木は料理を取りに席を立った。昨晩の会合で今日の蘇総経理との話の持って行き方がはっきりしたので佐々木は気分が良かった。今朝は、お腹が空いていたので、半ラーメンに、そば、油条を一本、そしてスイカとヨーグルトと朝食としては豪勢だった。その朝食を見て筒井が言った。

「佐々木さんは大食漢ですね」

「いやあ、昨日の会食で今日の会議の方向が見えてきましたので安心できたんです。それで、お腹が空いたので、こうしてたくさん取ってきました」

「今まで散々議論してきた甲斐がありましたね。今日は頑張りましょう」と筒井は言葉を返した。

10時半に全員がロビーに集合すると、そのまま昨日と同じワゴンカーに乗り込んだ。車は中関村の皇冠仮日酒店から北京鳳凰信息科技有限公司が入居している中電信息大厦まで10分ほどで着いた。約束の11時までには、まだ15分ほど時間があったが、ビルの10階へと向かった。

約束から30分遅れて蘇総経理が現れた

受付で来訪の旨を告げると、蘇総経理の秘書が応対し、広い会議室へと案内された。蘇総経理は急な用件で外出していて、30分ほど待ってほしいと言う。中国では珍しくコーヒーが出され、４人は緊張した面持ちでお互い何をすることもなく蘇総経理を待った。

程なくして、彼が部屋に入ってくると、軽快な英語で挨拶してきた。

「やあ、みなさん、すみません。急用ができて約束に遅れてしまって。私が蘇です。香港から、わざわざお越し頂きまして恐縮です。本日は今回の香港での入札についてのご相談とのことでしたので、海外事業部長の郭も同席させますので、よろしくお願いします」

それを受け、筒井が全員を紹介してから、今回の訪問の目的を蘇総経理と郭海外事業部長に差し障りない程度に説明した。

「ところで、蘇さんはアメリカが長いようですね」と、佐々木は、かねての打ち合わせ通りの話題に持っていこうと会話を切り出した。

「そうです。スタンフォードの大学院を出まして、３年ほどはパロアルトにいました。この会社は元々、現在の董事長である父が経営していました。私はＩＴを専門に勉強したくてアメリカに留学したのです。ここ北京に戻って５年ほどになります。戻ってからもビジネスの関係でアメリカには頻繁に往来しています。来週もアメリカに行く予定がありましたので、みなさんには急がせてしまい恐縮しています」

さらに佐々木は昨日、森山と相談した戦術どおりに、アメリカの政治経済とか外交の問題を蘇に投げかけた。蘇は、ちょっとびっくりしながらも佐々木の話に相槌を打った。

「そうですね。米中には政治問題が多々ありますが、貿易が年間6000億ドルもあります。ですので日本とは違ってアメリカは、政治外交では中国と対峙していますが、経済に関して極めて積極的です。習近平主席はアメリカとの関係を対等に持って行こうとオバマ大統領にいろいろ働きかけていますし、我が国の大手企業も盛んにアメリカに投資をし始めています」

蘇総経理が日中のビジネスについて語り出した

蘇総経理が続ける。

「我が社もアメリカとの関係を大事にしています。情報技術はやはりアメリカが世界最先端でしょう。日本の技術水準も高いので、私は日本にも関心があるのですが、これまでは、おつきあいをする機会が、そう多くはありませんでした。それに日本企業は最近、中国市場にあまり関心を持っていないように思います。政治のせいでしょうか。政治とビジネスはあまり関係ないと思うのですが、どうなんでしょう。

日本は中国に近いのに、日本企業の本社の方々は中国に距離を置いていますよね。投資も昨年からだいぶ落ち込んでいます。ここ北京にいる日本人の方々は積極的なのですが、我々とのビジネスも大型案件になりますと、日本の本社の腰が引けていますので話が先に進みません。このままでは中国とのビジネスチャンスを逃してしまいます。もったいないことだと思います」

この話に佐々木は、すかさず答えた。

「蘇さんのおっしゃる通りです。私は上海に3年駐在しましたが、システム開発が中心でしたので、北京にも開発を依頼している企業が何社かありました。日本で受注した案件を中国で開発するためです。中国でもシステム案件を受注していましたが、すべて日系企業です。現地企業とか、欧米企業とは付き合いがなく、仕事の依頼を受けることもありませんでした。

会社の組織も、総経理と副総経理は日本人です。部長クラスに中国人もいましたが、外注管理のポジションでした。ですから、中国市場が巨大であることは認識していても、そこに入って行こうとはしませんでした。そうしたことが今後は必要だと思っています。ですが、そうするためには中国市場を開拓できる人材を採用しない限り無理です。問題は当社の人事制度にあるのです」

佐々木は、これまでの想いを一気にはき出すかのように、さらに持論を展開した。

「仮に中国でマーケティングができる人材を採用しようとしたら、年収で１００万元（約２０００万円）以上が必要です。今の本社の人事制度では、その半分も払えないでしょう。それでは中国企業からのシステム案件の受注は無理です。仮にそれだけの給与を払えるとなれば、そうした人材をどう使うかが次の問題になります。今の日本人の体制では、優秀な人材を採用できたとしても、うまく使いこなせないでしょう。

さらに中国には欧米企業もたくさん進出しています。そこにもシステム案件は数多く存在するはずですが、そこに売り込もうという人材もいません。そのための人材採用も同様に考えなければなりません。例えば副総経理としてインド人を競合企業から引き抜こうとすれば、１００万元でも無理でしょう。仮に採用できたとしても、中国人のマーケティング担当者と同様に、彼らを日本人はうまく管理できないと思うのです」

【解説】

佐々木は、日本企業の中国でのビジネス展開においては、日系企業からしかシステム開発を受注できなかったと打ち明けている。その理由は、日本企業の側に中国企業とか中国に進出している欧米企業の案件を受けられるだけの体制がないからだとしている。

そうした体制は簡単にできるものではない。日本企業の人事制度の変革や、給与体系の見直し、現地における使用言語の英語化、日本人のグローバル人材の育成などが必要になる。今の日本の状況を考えれば、こうしたことへの対策は喫緊の課題だ。

このことは中国に限ったことではない。アジアすべてに共通のテーマである。こうした課題を日本企業が本気で解決していかなければ、中国だけでなく、アジアの市場も獲得できない。だからこそ、日本企業が人事政策を含めて変更するためには、グローバル化に向けて何が必要なのかを理解できる人材の育成から始めなければならないのだ。

佐々木の積年の想いが競合相手の警戒を解いた

ＩＴＣソリューションの佐々木課長は、これまで考えてきた日本企業の課題を次々と挙げていた。

「日本の国内市場は人口減少と共に縮小していくので、海外でも現地の日系企業だけを顧客にしているようでは将来、大きくはなれないでしょう。ところが、上海支社で使われる言語は日本語です。それでは日本人以外の人たちとの共同経営はできません。日本企業が、中国企業や中国に進出した欧米企業とビジネスするのであれば、今までの上海支社とは別の支社を立ち上げなければ無理だと思うのです。ところが、英語を公用語にした支社を立ち上げようとすれば今度は、そこに派遣できる日本人がほとんどいないのです。

もちろん、日本にも英語が話せる人は大勢います。ですが、グローバルリーダーとして育成されていないのです。つまり、新たなビジネスモデルを海外市場でも開発したり、それを展開したりできる日本の人材がいないということです。加えて、そうしたグローバルリーダーとしての英語が使えるトップがいないため、日本企業はどうすれば良いのかすら分からないのが実情でしょう。

人材育成には、たいした投資はかかりませんが、時間がかかります。特に本社は世界のビジネス実態に疎く対応できません。これは政府機関においても大差なく困ったものです」

佐々木は蘇総経理に話し続けた。

「私は今回、香港での入札に関わっていますが、こうしたことができる人材は当社にはほとんどいません。日本人は、蘇さんのような中国人と違って、アメリカの大学を出たり海外に駐在したりしたとしても、外国人の副総経理と組んでビジネスを展開するようなことはできないのです。たとえ英語ができ、専門的なＩＴビジネスが分かっていてもダメです。みなさんと一緒に仕事をするためには、そのためのプロトコルが必要だからです。

みなさんと仕事をするならまずは、話題を共有できるだけの素養がなければなりません。それなりのレベルのリベラルアーツが分からなければ、みなさんは信頼しないでしょうから。受注活動においては、みなさんのやり方を理解する必要もあります。日本的なビジネス慣行では無理でしょう。いわゆる華僑商法ですが、それを身に付ける手段となれば私は、孫子の兵法と三十六計だと思っています。こう言っても蘇さんはピンとこないかもしれませんが、菜根譚にこんな一節があります。

『身を持するには、はなはだ皎潔《こうけつ》なるべからず、一切の汚辱垢穢《おじょくこうあい》、茹納《じょのう》し得んことを要す、人に与《くみ》するには、はなはだ分明《ぶんめい》なるべからず、一切の善悪賢愚、包容し得んことを要す』

この一節は、こんな意味です。

『世渡りで身を保って行くには、あまり潔癖すぎてはならない。一切の汚れや穢れをも、すべて飲み込むようでありたい。人と交わるには、あまり几帳面すぎてはならない。一切の善人悪人、賢者愚者をも、すべて包容できるようでありたい』

これが中国の文化ではありませんか。日本人は、白か黒かをはっきりさせますが、中国人は灰色のままで受け入れている。私たちは『清濁併せ呑む』と言っても、白と黒とは分けたままです。はっきりとは分けないといったことを理解できないと、中国のみなさんとはビジネスができないと思うのです。

それでも、まだ足りません。日本人としてのアイデンティティです。これを日本人は持っていないので、日本人としての自覚と歴史を勉強し直す必要があるのです。日本人が、みなさんとはどう違うのかをきちんと説明できなければならないのです」

佐々木の話は事前に想定したことではなかった。だが、蘇総経理が日本からの投資について話したので、佐々木は夢中になり長々と話してしまったのだ。じっと聞いていた蘇総経理が口を開いた。

「そうなのですか。そうしたことを私は知りませんでした。佐々木さんが言われたようなことを我々中国人は、元々持っているように思います。中国は多民族であるだけでなく、同じ漢民族でも南と北では異民族です。そのため中国には様々な情報が錯綜するため、我々は新聞とか雑誌の情報をそのまま信用するという習慣がありません。情報だけでなく、人物も日頃から信用しない風土があります。

毛沢東が言ったように中国は世界の縮図です。ここでビジネスができれば世界のどこに行ってもビジネスができるでしょう。そういう意味では、日本は島国なので佐々木さんが言われるようなハンデを日本人は持っているのかもしれませんね」

この後も佐々木は、山下塾で鍛えたアメリカの政治経済の話題を持ち出して蘇に話しかけた。蘇もオバマの外交には色々と疑問に思っていることも多かった様子で、佐々木の話に納得を示したりしていた。そんな話に盛り上がり、1時間があっという間に過ぎていった。

「あっ、もう12時半になってしまいました。ご一緒にお昼はいかがですか」

蘇は、そう言うと隣にいた郭に、お昼を手配するように指示した。

結局、一同は本題に入る間もなく、雑談をするままに、蘇の案内でレストランに向かうことになった。

「このビルには日本企業もたくさん入居しています。2階に『花車』という日本料理屋がありますので予約しておきました。そこの、とんかつ定食はうまいですよ」

今回みなさんが弊社を訪問した理由はなんでしょうか？

日本料理屋の花車は、寿司から蒲焼き、てんぷら、すき焼きまで、一通りの日本料理をメニューに揃えていた。店に着くと郭が予約した個室に案内され、各自がそれぞれ適当に料理を注文し食べ始めた。蘇は、先に「うまい」と言ったとんかつ定食を頼むと、そのカツをほうばりながら口を開いた。

「ここのトンカツは、いつ食べても美味しいなあ。ところで、みなさんが今回、弊社を訪問した理由はなんでしょうか？」

ネイティブなアメリカ英語で単刀直入に聞いてきた蘇に対し、三井商事の筒井は、しばらく躊躇していたが、口を開いた。

「実は言いにくいことなのですが、ご相談があります。私たちは今回、『港鉄』のシステムの入札に参加しようとしています。ですが、中国の企業は中国鉄道の案件に代表されますように、かなり安い値段で入札してきています。そのため日本企業は、ことごとく入札に勝てなかったという経緯があります。

そこで今回は、厚かましいとは思いましたが、『港鉄』の入札について、どのように考えておられるのかをお聞きしたいと思い参りました」

【解説】

佐々木はかねてから、「外国人の相手にどう信用されるかが課題だ」と木元塾頭に言われていた。そのため、第一関門となる話の出だしに、アメリカの政治経済を話題にした。蘇総経理は、その内容に関心を示し、佐々木という人物を評価したようだ。だからこそ、佐々木の話をじっと聞いたのであり、自分の意見も投げ返してきた。

日本企業において、ビジネス以外の話題で外国人と政治や経済を含めて会話できる人は極めて少ない。そのため、海外のビジネスマンからすれば、日本人の人格とかキャラクターを評価するための糸口がつかめない。結果、初めて会った日本人にどう対応すれば良いのか、どのようなレベルの話をすればいいのかに戸惑ってしまう。

小説では、佐々木がアメリカの政治経済の話を持ち出したことで、蘇は彼をそれなりのレベルの人物だと評価し、話の内容を信用する心構えができたと言える。さらに佐々木が、菜根譚の「身を持するには、はなはだ皎潔《こうけつ》なるべからず」の例を引いて、中国人とのビジネスは白黒ではなく、灰色を受け入れなければならないと説いたことも、蘇の信頼につながっている。

話の内容はリベラルアーツでなくてもいい。スポーツでも、芸術でも、他の特技でも、それを初対面の外国人との会話で切り出せれば、信頼関係は築ける。こうしたことは政治家や役人でも変わらないが、企業人同様に、そうしたことができないのが実態のようだ。

相手の策を読み戦わずに勝つための策とは

「厚かましいとは思いましたが、『港鉄』の入札について、どのように考えておられるのかをお聞きしたいと思い参りました」

蘇総経理は、筒井の問いかけに全く驚くこともなく、安値攻勢を否定した。

「そうでしたか。私はアメリカが長かったので、そうした中国的な発想は持っていませんのでご安心ください。私共の入札は公正に行います。北京鳳凰は私が北京に戻ってから、ここ5年で売り上げを3倍に伸ばしました。今年度の売り上げは3億米ドル（約360億円）を見込んでいますが、来年度はさらに5割アップを考えています。

ここ中関村には今、当社のような企業がたくさんあります。中国のITビジネスは、この10年間で急成長してきました。特に、この5年間は、アメリカに留学したり仕事をしたりしていた中国人が、かなり戻ってきています。技術面では、まだまだ日本のレベルには及びませんが、アメリカとの結びつきは日本以上に活発です。私も来週から2週間ほどパロアルトに行ってきます。今回の入札の案件もパロアルトの弊社スタッフにサポートさせています」

蘇は軽快に筒井の問に答えた。

「そうでしたか。そういうお話を聞いて安心しました。ついでにお聞きするのも恐縮ですが、今回の入札に当たって、香港企業の投資申請の基準となる金額、つまり最低入札価格は8億香港ドル（約123億円）ぐらいだと予想していますが、蘇さんは、どうお考えでしょうか？」

「そのぐらいでしょうね。弊社は『港鉄』の入札に向けた事前調査の段階に1年ほど前から参加してきましたので、入札情報とか技術仕様について相当部分は把握しています。ただ、事前準備には参加できたのですが、弊社に有利な技術は売り込めませんでした。そもそも弊社はまだ日本のような先端的な技術を持っているわけではありませんから」

蘇は謙遜しながら、話を続けた。そこに、北京鳳凰の海外事業部長である郭が割り込んできた。

「みなさん、初めまして。海外事業部長の郭と申します。今回はわざわざ北京までお越しいただき、ありがとうございます。今回の入札案件は今、蘇が申し上げましたように1年以上も前から検討してきた案件です。入札要件は、弊社が出したものです。香港のＩＴ技術のレベルはアジアで最も高いので、要件設定には苦労しました。

それでも、御社のような日本のレベルには依然として足元にも及びません。ただ、当社はパロアルトに研究開発拠点を持っていますので、先端的な技術は彼らと連携しながら進めてきました。特に最近はＩｏＴ（Internet of Things：モノのインターネット）関連技術が進んできましたので、そうした技術については今回の技術仕様作成では積極的に検討材料にしてきました。

蘇が申し上げましたように、我々は中国鉄道で起こったような安値攻勢を考えてはいません。入札最低金額について蘇が先ほど、お話ししましたが、私ども現場の認識では、いくらになるのかまだ見当がつきません。弊社は中国企業ですから、ＩＴコストが日本よりも、はるかに安いのは御存知かと思います。御社が今回の入札で弊社の競合になるということですが、コスト面では、どのように考えておられるのでしょうか？」

郭は真面目な顔をして逆に、日本ＩＴＣ側の手の内を探るような質問をしてきた。

「郭さん、初めまして。日本ＩＴＣソリューションの佐々木です。私は上海に3年駐在し、現在は東南アジア市場のビジネス開拓を担当しています。郭さんがおっしゃることはよく分かります。日本で開発すれば、中国と比較して40％は高くなります。日本人だけで開発しては、御社のような中国企業にはコスト面で勝てません。

ですので、開発要員は海外で体制を作ることを考えています。概念設計とか基本設計、さらにはテストの一部は日本側で担当するつもりです。ただ弊社は、今回の入札案件においては事前段階から参加していませんので、要件そのものにも、いささか理解に苦しむ点がありました。差し支えないようでしたら、要件についても、ご教示いただけませんでしょうか？」

佐々木の返答に、郭は少しムッとした顔つきになった。総経理の蘇と違って、その眼は笑っていなかった。

「佐々木さん、もちろん構いません。そうしたことは何なりと聞いてください。なんでもお答えいたします」

佐々木は疑問点がある技術仕様について、いくつか、その項目だけを説明した。詳細は後日、メールで送ることにした。

「佐々木さん、了解しました。メールを拝見し、詳細をお伝えするようにいたします。先ほどもお伝えしましたように、弊社は技術面では、パロアルトの研究開発拠点と連携していますから。蘇総経理が申し上げましたように、来年度は1億5000万ドル（約180億円）の売り上げを積み増そうとしていますので、弊社はこのプロジェクトに賭けております」

そう話す郭の顔には、自信をもった笑みが浮かんでいた。

敵の城を攻めるのは最低の策

筒井をはじめ、佐々木と日本ＩＴＣソリューション香港支社の副社長である森山らは一様に「困ったなぁ」といった顔つきになっていた。同時に佐々木は、グローバルリーダー育成のための私塾である「山下塾」の木元塾頭が話した、孫子の謀攻篇の一節を思い出していた。

「上兵は謀を伐つ。其の次は交を伐つ。其の次は兵を伐つ。其の下《げ》は城を攻む。城を攻むるの法は已むを得ざるが為なり」

それは、次のような意味である。

「最上の戦略は敵の陰謀を破ることだ。その次は敵の諸外国との交わりを断つことだ。その次が敵軍を打ち破ることである。最低なのは敵の城を攻めることだ。城攻めは他に方法がない場合に限って行うべきことだ」

最上の戦い方は、戦う前に相手の策略を読み、それに手を打って戦わずして勝つことだ。つまり、味方がなんらの損失を出すことなく、敵のすべてを手に入れることだと説いている。そうした策が打てないときに初めて、本丸を攻めることになる。

佐々木は、彼らと戦わずに対応できる方法がないかと考え始めていた。蘇総経理は、我々の技術を評価している様子を見せている。だとすれば、たとえ郭が反対するとしても、蘇総経理に脈がありそうなやり方こそが、孫子の謀攻篇の一節がいう「謀を伐つ」ことではないかと頭を巡らせた。

ある策に思い至った佐々木は、郭に軽く挨拶をしてから、蘇総経理に向かって切り出した。

「郭さん、ありがとう。御社の事情はよく分かりました。日本の技術レベルについても高く評価していただき感謝します。ところで蘇総経理。御社が、どのような仕事をされているのかを教えていただけませんでしょうか。私からも、弊社がどういう企業で、どのようなスキルとノウハウを持っているのかを少し説明させていただきたいと思います」

佐々木の問いかけに対し蘇は、郭に会社の概要と現状を説明するように指示した。郭は会社の資料を取りに数分席を外したが、すぐに戻ってくると、北京鳳凰の会社概要を全員に配ってから、その中身を彼らに説明した。

郭の話を聞きながら佐々木は、北京鳳凰のレベルは予想以上に高いと判断した。中国企業は詳細設計しかできないと高を括っていたのだが、彼らの上流設計のレベルの高さには内心ビックリした。日本側からの2、3の質問に対しても郭が説明し終わったところで、佐々木は自社の説明を始めた。

日本ITCソリューションがこれまでに何を手がけ、どんな人材がいて、どのようなスキルを持っているか、佐々木は10分ほどで手短に話してから、こう続けた。

「御社の説明をお聞きして、そのレベルの高さに感心いたしました。今回のプロジェクトですが、できれば共同で進められないかと思います。どのような形でも結構です、いかがでしょうか?」

佐々木は木元塾頭の教えの通り、背筋を伸ばし自信を持って蘇に〝共同開発〟を提案した。


【解説】

今回のポイントは、佐々木が孫子の兵法の謀攻篇の「謀攻の法」の一節を思い出し「上兵は謀を伐つ」という戦術が利用できないかと思いついたことだ。蘇総経理は、佐々木らに気を許したものの、海外事業部長の郭は打ち解けておらず、むしろネガティブだからだ。

そこで佐々木は、真っ向から対決せず、戦わずして成果を得られそうな案は何かと考えている。特に、佐々木らに気を許している蘇総経理の目線に立つのが重要だ。その結果が、相手側の技術レベルを勘案しての共同開発提案につながっている。

当然ながら、現場を切り盛りする郭は、共同開発の提案に難色を示すことが予想される。郭は何を言い出し、それに佐々木らは、どう対応できるのだろうか。

共同開発には難色、開発力は競合の弱点ではなかった

佐々木の共同開発という提案に、蘇総経理が答えた。

「佐々木さん、それはいいアイデアですね。弊社は急成長してきましたが、今回は開発規模も大きい。落札できたとしても我々だけではやり切れないのは確かです。だからといって、入札もせず、そのチャンスをみすみす逃してしまうのも、もったいないと思っています」

そこに、北京鳳凰の海外事業部長である郭が口を挟んできた。

「総経理、それはちょっと違うのではないでしょうか。弊社が、この1年以上、このプロジェクトに掛けてきた努力と作業量は膨大なものです。投資した金額も中途半端ではありません。しかも技術仕様の要件は弊社が出しているのです。確かに、今回のプロジェクトの難易度は高いのですが、弊社にとって困難な仕事だとは思っていません。

確かに、日本の技術が我々を凌駕していることは十分に認識しています。だからこそ、これまでアメリカと共同で作業をしてきたのではないですか」

郭は顔を赤らめて蘇に対して中国語で一気にまくし立てた。佐々木や、日本ＩＴＣソリューションのパートナーである三井商事の筒井ら、中国の駐在経験があるものにすれば、中国人が普通に話していても「喧嘩をしているのではないか」と思うほどに聞こえることは知っていた。それでも、郭の物言いには、つい後ずさりしてしまいそうだった。ただ、中国語ではあったが、

佐々木達にも郭が言っていることは大体理解できた。

その後も小一時間ほど、こうしたやり取りが続いた。結局、郭が一歩も譲らないままに、この会議は終わった。

「みなさん、せっかく来ていただいたのに、話がうまく前に進まなかったようです。これに懲りずに、今後とも、よろしくお付き合いください。お願いします」

こう言って蘇総経理は日本人たちを見送った。佐々木と日本ITCソリューション香港支社副社長の森山、三井商事の筒井と大神の4人は仕方なく中電信息大厦を後にした。

佐々木をはじめ、日本人の誰一人として、郭の強気の対応には歯が立たなかった。ましてや、「我々にプロジェクトを主導させてくれ」などとは全く言える状況ではなかった。こうした可能性は、ある程度承知していたものの、いざそうなってみるとショックだった。ただ1つの収穫は、蘇総経理が佐々木らに対し悪く思ってはいないことである。彼は共同プロジェクトの提案を否定しなかった。

中電信息大厦からホテルに戻ると、時間は午後3時だった。佐々木はこれまでの経緯を報告書にまとめ、東京にいる上司である三森に送った。今日の話の内容は明るいものではない。明朝は北京から直接東京に戻る。筒井と森山とは今夜夕食を一緒に取ることにしていたが、佐々木の頭の中は「次にどう対応しようか」ということだけで一杯だった。

蘇総経理には一緒にプロジェクトに取り組まないかというオファーをしてみた。だが、そのことだけを取り上げれば、東京は多分OKとは言わないだろう。そうなると、仮に蘇総経理が承諾したところで先には進まない。いずれにしても、そのオファーが郭に反対された以上は次の作戦を考えなければならない。今後どう対応するかは帰国後、事業部長と相談してから決めようと佐々木は思った。

佐々木と筒井、森山の3人は6時にロビーで待ち合わせていた。どのレストランに行こうという当てもなかった。ただ筒井は大神にも声を掛けており、ロビーには大神も待っていた。

「みなさん、本日はお疲れさまでした。中国企業は厄介ですね。日本企業とは違って、彼らの胸襟を開かせるのは大変です。ましてや信用されるのは至難の技です」

そういった大神は、筒井の依頼で「俏江南」という四川料理の店を予約済みであることを告げた。一同は、筒井の会社のワゴンカーに乗り込んで、そのレストランに向かった。ホテルから近いところであったので、5分で着いてしまった。

料理の注文は大神に任せた。この店は「霜降り牛の油どうし」とか「鶏肉のぱりぱり揚げ」とか「フォアグラ」で有名な店で、特色のある料理が出てきた。意気消沈していた3人だが、料理が出てくると、変わった料理ばかりなので、会議での陰鬱な結果を一時忘れ食事に没頭した。森山が言った。

「香港でも色々なレストランに行きましたが、今日の料理は最高ですね。大神さん。ありがとう」

「皆様の今日の沈んだお気持ちを少しでも取り戻して、元気になっていただけるようにと思い、このお店を選びました。気に入っていただければ嬉しいです」

北京鳳凰はクライアントの銀行と今、トラブっていた

その後はしばらく雑談が続いたが、料理が一通り出終わったところで、筒井が改まって話し出した。

「郭さんは我々と組むのには大反対でしたが、蘇さんはそうでもなかったですね。もう一度、リターンマッチをしましょう。何か口実を考えて彼に会えるように考えなければなりませんね。彼らが得になるようなことを懸念しているようなところを蘇さんに言えば乗ってくるかもしれません。

ところでホテルを出る直前に、以前紹介した周から電話がありました。北京鳳凰のクライアントで今、トラブっている銀行があると言ってきました。どうもプロジェクト管理がうまくいっていないようです。蘇総経理は今、そのプロジェクトで困っているはずです。もう少し早く分かっていれば、今日の会議の展開も違っていたでしょうに」

それを聞き佐々木は、木元塾頭が言っていた孫子の虚実篇の言葉を思い起こした。

「故に、之を策《はか》りて得失の計を知り、之を作《おこ》して動静の理を知り、之を形《あらわ》して死生の地を知り、之に角《ふ》れて、有余不足の処を知る」

それは、こんな意味である。

「そこで、敵軍を偵察し、戦いの利害得失を計算し、敵を刺激して、その反応をみて動く動かないの判断基準を知り、敵の布陣態勢を見て、敵が敗れる地勢と敗れない地勢を知り、実際に小部隊を敵と接触させ、敵の頑強な所と弱い所とを知る」

相手の弱いところがプロジェクト管理にあるということを筒井から聞いた佐々木は「しめた」

と思った。

「やはりそうですか。彼らが我々よりも劣っているとか、我々が彼らに貢献できるものといえばプロジェクト管理とシステム開発の方法論ではないかと思っていたところです。周さんからの情報を聞き、『やっぱりそうだったのか』と意を強くしました。そのプロジェクト管理を攻めましょう。効率的な開発手段までも提案できるかもしれません」

色々と議論していくに連れ、全員が今日の沈んだ気持ちを持ち直すことができた。酒のせいもあり色々なアイデアも出し合えた。そうしているうちに夜が更けていった。10時を回ったところで誰ともなく、そろそろ帰ろうということになり、タクシーを拾ってホテルに戻った。明日は佐々木だけが東京に戻る。今後の進め方については後日メールすることにして、佐々木は筒井らと別れた。

部屋に戻った佐々木はこの日、安心したせいか早く寝てしまった。翌朝は6時に起きると急いで朝食を取り、あたふたと飛行場に向かった。7時半には飛行場に着き、8時35分発のＡＮＡ便で東京に戻った。

羽田には12時50分定刻に到着し、そのまま会社に向かった。上司の三森とは3時に約束を取っておいた。本社は汐留にあり、2時には着けた。会社を空けたのは、わずか数日だったが、ずいぶんと遠い昔から出掛けていたような感触が残っていた。佐々木にとって今回の海外出張は今までにない経験であった。

【解説】

佐々木らは競合相手である蘇総経理の反応が悪くなかったことを頼りに、彼にもう一度会うためにどうすれば良いのかを考え出している。佐々木は、孫子の虚実篇の「有余不足の処を知る（優勢な部分と、そうではない部分をつかむ）」という言葉を思い出し、相手に不足するところを提案するという案を思いついた。そうした内容であれば、先方も会ってくれるのではないかという考えだ。

今回、小説中で引用した孫子の兵法の視点は、次の8つに分類できる。

敵の意図を見抜く＝蘇総経理が最終的に求めているものは何か？

敵の利害、損得を知る＝今回のプロジェクトにおいて彼らにとって何がプラス面で、何がマイナス面か？

敵軍に揺さぶりをかける＝今回のように面談において、いろいろ質問をしたり、提案をしながら、彼らの反応を推し量る

その行動基準をつかむ＝その結果、彼らが何に関心を示すのかを探る

敵軍の態勢を把握する＝どういうようにすれば彼らが交渉に乗ってくるのかの反応を確かめる

その強み弱みを明らかにする＝彼らの強いところと弱いところを把握する

敵軍と接触してみる＝予想した彼らの弱いところを想定して、彼らの実際の力を推し量る

優勢な部分とそうではない部分をつかむ＝そうした結果として、どこを攻めるか決める

北京鳳凰に対する佐々木の対応は、まさしくこの孫子の兵法に沿っている。

第５章　敵が自ら弱点を告白した。

蘇総経理に再チャレンジするための策を考える

約束の午後3時、日本ＩＴＣソリューション課長の佐々木は事業部長の三森と会議室で会った。
「佐々木さん、ご苦労様でした。報告書は先ほど読みました。先方の北京鳳凰はかなり強気ですね。特に海外事業部長は手強そうです。

しかし、合同プロジェクトを提案したとのことですが、今の時点で、そうした提案をするのは、あまり好ましいやり方ではないでしょう。最後に仕方なく妥協した時には合同もあり得ますが、最初からそうしたオファーは当社内では通りません。仮に共同で進めるという提案が通ってしまっていても専務は承認しないでしょう。我々が抱えるリスクのほうが大きいと言われるのがオチです。

とは言え蘇総経理は我々と組むことに嫌な気持ちは持っていないようですので、まだ交渉の脈はありそうです。蘇総経理は話が分かる人のようですから、もう一度チャレンジしてみる価値はあるかもしれません」
「事業部長、その通りです。我々の強みを説明している時も彼は頷いていましたし、合同プロジェクトの提案に対しても前向きでした。ただ、海外事業部長の郭さんは相当に手強い相手です。彼とは交渉の余地が全くありませんでした。私たちも相当粘ったのですが、彼は全く譲歩してくれません」

佐々木は三森に郭の態度について説明した。

「それでも、まだ脈はありそうですよね、佐々木さん。このままなら、安値攻勢を仕掛けられて、うちの負けでしょう。なんとかもう一度交渉したいですね。先方に打診してみてくれませんか。ただ、もっともらしい理由を考えないと先方も会ってはくれないでしょう。何か良い策はありませんか」

「昨晩も三井商事の筒井さんと香港副社長の森山とは、その件でだいぶ議論しました。幾つかのアイデアはあります。

まず蘇総経理はアメリカ生活が長かったため結構、気さくな方です。中国人のようにガードが固いわけでもなく、我々をすぐに信用してくれました。合同プロジェクトにという私のオファーにも乗り気なようでした。

それに今回の訪問中に、彼らがクライアントのプロジェクト管理で問題を抱えているという情報も筒井さん達が集めてくれました。もう一度、北京鳳凰と話ができるよう段取りを考えます。しばらくお時間を下さい」

「分かりました。ところで先方には、どういう話をしたのか、もう少し詳しく聞かせてください。私も何かいいアイデアが浮かぶかもしれません」

「北京鳳凰の蘇さんにはアメリカの政治経済の話から切り出しました。彼も、そうした話に関心を持っていたようで結局、1時間ぐらい、その話をしました。その後、彼が我々を昼食に招待してくれたのですが、そこで本題に入ったのです。

筒井さんが単刀直入に中国企業の安値攻勢について話をしてくれました。『中国企業が入札でよくやることだ』と彼が話しましたら、蘇さんは『そうした意図はない』と即答されましたので、安値攻勢はないと思います」

佐々木は三森に対し、報告書に書いた内容を補足して説明した。

「彼らは本当に安値攻勢を仕掛けてこないのでしょうか？郭さんの出方に対する印象だと、彼らは〝次の手〟を考えてくるに違いありません。入札は、そう簡単にはいかないでしょう。彼らは佐々木さんが思うほどには良心的ではないと思います」

三森は佐々木の考えに疑問を呈した。

「そうでしょうか？いずれにしましても、蘇総経理は来週からアメリカに出張してしまいます。帰国してからということになると思いますが、いずれにしても早く話をしたほうがいいですね」

「それなら、先方と会う理由を考えて、できる限り早く、もう一度北京に行ってください」

「了解しました」

そう言って三森との面談を終えた佐々木は、筒井と森山にすぐに電話をし、三森との話の内容を伝えた。

プロジェクト管理技術には関心を示しそうだ

電話口で筒井が佐々木に答えた。

「そうですね、もう一度、蘇総経理に会って話してみる価値はありそうです。ただ、海外事業部長の郭さんは我々の再度の申し出も拒絶するでしょうね」

「ええ、そうですね。ただ蘇総経理には提案できる項目が、いくつかあると思っています。事業部長に言われたときは、どういう理由で再度の面談を申し込むのか具体的な考えは浮かばなかったのですが、皆さんと昨日、議論した内容を思い出す中で、思い当たったのです。

蘇総経理は、日本のＩＴ技術が彼らよりも、はるかに進んでいると思っているようですし、今回のような大規模なプロジェクトにおける管理技術には特に高い関心をもっていると思います。彼らにしてみれば、今回のプロジェクトで我々から色々な技術を教えてもらえることは大きなメリットになるのではないでしょうか」

佐々木の提案に筒井は、うなずいたようだった。

「なるほど、そうかもしれません。是非そうした方向で蘇総経理に話をしてみてくれませんか。上手くいくといいですね」

筒井との電話を終えた佐々木は、中国出張中に交わした数々の議論を頭の中で、もう一度整理した。そして木元塾頭がいつも言っている孫子の軍争篇の一節を思い起こした。

「故に兵は詐《さ》を以て立ち、利を以て動き、分合を以て変を為す者なり。故に其の疾きこと風の如く、其の徐なること林の如く、侵掠《しんりゃく》すること火の如く、動かざること山の如く、知り難きこと陰の如く、動くこと雷震《らいてい》の如し」

その意味は以下の通りだ。

「故に、軍事行動は敵の裏をかき、自らの優位性を活かし、分散と集中を臨機応変に進める事が大事である。故に、風のように機敏に、林の様に静かに、火のように侵略し、山のように動かず、陰のように隠密に、いざ動く時は雷鳴の様に動く事が大事である」

すなわち、「詐《さ》を以て立ち、利を以て動き」ということである。今回の案件でも、敵を欺き、裏をかいて、利や強み、優位性を活かすように動けないだろうかと佐々木は考えた。

そうして1時間ほど考えてから、北京鳳凰の蘇総経理に電話を入れた。佐々木は、蘇がアメリカ経験が長く、アメリカ的な雰囲気を持っていたので、こうして電話をするにしても特に気が重いわけではなかった。

「蘇総経理でしょうか？昨日お会いした佐々木です。昨日は私の提案を受け入れてもらえませんでしたが、せっかくお知り合いになったことですし、我々のプロジェクト管理ノウハウについて一度、御社でご説明させていただきたいのですが、如何でしょう？

特に大規模プロジェクトにおける進捗管理のやり方と、コスト採算の管理の仕組みをご説明したいのですが、ご関心はおありでしょうか？来週からはアメリカに出張されるということでしたので、お帰りになってからではどうでしょう？」

佐々木は蘇総経理に単刀直入に聞いた。

「佐々木さん、それはありがたい。私共も最近は大規模プロジェクトを運営しているのですが、管理が上手くいかず困っているのです。テスト段階にまで行ってながら構想設計にまで手戻りするようなことが頻発しています。そのため月次で進捗管理をしていても全く意味をなさない状況になることが多々あるのです。

今も政府系の銀行から受注した2億人民元（約38億円）のシステム導入案件を進めているのですが、納期が半年先に迫ってきているにもかかわらず、８００あるテストシナリオのうち10％しか完了していません。まだ７００以上もシナリオが残っているわけです。結合テストの進捗について、今までどういう報告をしていたのか――。全く当てになりません」

【解説】

今回、佐々木は蘇総経理への対策として孫子の軍争篇の一節を思い付いている。すなわち、「詐《さ》を以て立ち、利を以て動き」という言葉で、この一節は日本では武田信玄が旗印にした「風林火山」として有名な一節だ。敵を欺き、裏をかいて、利や強み、優位性を活かすように動くという意味である。

システム構築におけるプロジェクト管理は日本でも、いつも問題になっている。だが佐々木は、そこを上手く隠し、蘇総経理には日本企業がプロジェクト管理には長けているという印象を与えることで、彼からの信頼を得ようとしているわけだ。

競合相手・北京鳳凰を佐々木が三森と再訪する

草を打って蛇を驚かす――。三十六計の第十三計に沿って日本ITCソリューション課長の佐々木が、北京鳳凰がプロジェクト管理に悩んでいるのではないかと探りを入れたところ、蘇総経理は「是非、教えてほしい」と反応してきた。蘇総経理はアメリカ出張を控えていたため、帰国後の6月4日に再訪することになった。

佐々木はその間、5月26日に開かれた第1回検討資料報告会に出席し、開発費の見積もりなどをプロジェクトの準備メンバーに指示した。その中で佐々木は、システム開発の詳細設計について、懸案している内容の検討状況を解説した。東京での仕事も忙しく、時間はあっという間に過ぎていき、6月がすぐに来てしまった。

「三森事業部長、今日はもう2日です。明日の飛行機で出発しないと4日の蘇さんとの面談には間に合いませんが、どうされますか？」

「そうでしたね。予定に入れてあるので、ちょっと待ってください。蘇さんとのアポは4日の何時ですか」

佐々木が「午後3時です」と答えると、三森は秘書にも聞かず引き出しから時刻表を取り出し羽田空港発北京行きの便を調べた。港区・汐留に席を置く三森も羽田は近いため、アジアへの出張時には大抵、羽田を利用することにしていた。そのため羽田空港の時刻表は、羽田発のフライト時刻をいつでも調べられるよう引き出しに常備されていた。

「佐々木さん、ちょうどいい便があります。全日空の9時25分発の北京行きです。北京空港には12時35分に着きますから、その日に発っても間に合うでしょう」

三森はすぐに秘書に電話して飛行機の予約を依頼した。彼はいつも民族大学近くのシャングリラホテルに泊まっているので、そこも予約させた。

6月4日の朝、2人は羽田空港のラウンジで待ち合わせ、定刻通り9時25分発のＮＨ１２５５便で北京に向かった。最近は経費節減のため事業部長でも席はエコノミーだ。だが北京までは4時間だから、ベトナムなどへの出張と比べるとはるかに楽だった。秘書が隣同士の席を予約しておいてくれたので、2人は久しぶりに最近の出来事を話すことができた。

かねてから三森は、佐々木をなんとかグローバル人材として育てたいと考えていた。山下塾の木元塾頭とも元々懇意にしていたのは三森だ。佐々木が山下塾に入ったことは、本人から直接相談を受けたわけではなかったが、木元塾頭からの情報で知っていた。ただ具体的に山下塾が何を教えているのかは詳しく知らなかったため、この機会を利用して、佐々木に色々と質問した。

塾は「品格」や「器」の形成に向け一生研鑽を積む場

「佐々木さん、あなたが山下塾に参加していることは木元さんから聞いています。もう1年になるようですが、塾に出ていてどうですか？」

「最近はニューヨークタイムズ誌のオバマ大統領へのインタビュービデオを聞いても8割ほどは理解できるようになりました。以前は字幕がないと、ほとんど理解できなかったのですが、ある日、突然理解できるようになったのです。それまでも会社の研修や海外でのＯＪＴ（On the Job Training）を受けてきましたが、あまり成果がなく悩んでいました。

山下塾は毎晩、勉強しなければならない課題があり大変は大変ですが、頑張ってきたことの成果が最近、出てきたようで嬉しくて仕方がありません。

毎週土曜日の1日と、平日は夜8時以降の2時間を山下塾の勉強に当てています。海外出張時も土曜日には Skype を使った1日講義を聞かせてもらっています。自宅でも勉強しているので妻は文句を言っていますが、自分の将来がかかっていると思っていますので、いつも彼女をなだめています」

続けて佐々木は、山下塾の研修の進め方や、カリキュラムがリベラルアーツや華僑商法であるといったことを説明した。そして現在は「日本の精神」のセッションを自分が作成中で、自身も時々、講義をさせてもらっているといったようなことを話した。

佐々木が三森に強調したかったのは、山下塾が学校ではなく「塾」であり一生研鑽を積む場であり、そこでの研鑽は、日本人として世界に通用するだけの人間の「品格」や「器」の形成にあるということだ。アジアだけでなく、世界で通用する日本人としての威厳が示せるような人間を形成するための〝場〟であることを三森に理解してもらおうと佐々木は熱弁を振るった。こうした塾はアジアで山下塾しかないことも付け加えた。

佐々木の弁に押されたこともあり三森自身も、そういう内容であれば出てみたいと思った。山下塾について会話をしているうちに飛行機は北京国際空港に到着した。

北京空港には誰も迎えに来てはいなかった。約束の3時までには、まだ時間があったので、チェックインをしてから北京鳳凰に向かっても間に合うと思い、2人はタクシーを拾ってシャングリラホテルに向かった。

いつもなら飛行場からの高速道路を北三環中路に入るところだが、混んでいそうだったので、北四環西路に入った。だが、そっちも混んでいて、いつも以上に時間がかかってしまい、ホテルに着いた時には2時を回ってしまった。3時までに中関村に着けそうになかったので、三森は佐々木に30分遅れる旨を先方に電話するよう指示した。

彼らはホテルにチェックインするとすぐに中関村の北京鳳凰に急いだ。中電信息大厦には3時を少し回ったころに着いた。受付を尋ねるとすぐに前回面談したのと同じ会議室に案内された。蘇総経理はすぐにやってきた。

「やあ、わざわざお越し頂き、ありがとうございます。三森事業部長様までお越しいただき申し訳ありません。本来であれば、ご教授いただくのですから、こちらから出向かなければならないのですが恐縮です」

「三森です。初めまして。佐々木の上司です。先般は弊社の人間が突然訪問し不躾なお願いをいたしましたので、こちらこそ恐縮しております。また今回は、佐々木の申し出をご承諾いただき、ありがとうございます。アメリカへのご出張はいかがでしたか？」

「いやあ、アメリカはＩｏＴ（Internet of Things：モノのインターネット）とか、今流行りのタクシーの手配サービス Uber の話で持ちきりでした。我々、システム開発者の仕事もコンピュータという仮想世界の中ばかりではなく、コンピュータ自体が実世界と連動し始めましたね。パロアルトでは、そうしたことがまさに今、目の前にあることを実感しました。中国でもフォクスコンや小米がＥＶ（Electric Vehicle：電気自動車）の世界に入っていきます。

本当にすべてのものとコンピュータが連動してきています。アメリカではゴミ箱にもセンサーが付いていて、ゴミ箱が一杯になりそうなのを感知してゴミ回収車が回収するんです。日本でも、いずれそうでしょう。そうなると、もう産業革命に近いことが起こりますね。

例えば現在は停電しても仕事が止まるだけですが、そういう時代になってしまうと停電で社会そのものが崩壊してしまいます。中国では原子力発電所が18基稼働していますが、32基を建設中です。こうした状況を踏まえると、停電だけでは済まない、とんでもない時代に中国は入っていくことになります」

蘇は早口で言った。

【解説】

北京に行く飛行機の中で、佐々木が三森に山下塾のことを説明している。山下塾について佐々木は、一般の研修とは違う「塾」だと言っている。「塾」とは、孔子とその弟子のように一生勉強するものだ。「塾」の仕組みは日本でも江戸時代まで盛んだったが、明治になって西欧の学校システムが輸入されてからは廃れていった。

そもそも、勉学で「卒業する」ということはないはずだ。だが、西欧流の学校システムが今の日本には定着し、年を取るにつれ学びから遠ざかる傾向になる。しかし日々のビジネス活動においては、習得しなければならない課題とか問題は山積している。それらを解決していくための〝場〟が「塾」なのだ。だから「塾」には卒業すると概念がない。

山下塾では、リベラルアーツを勉強している。それは日本人として世界に通用するだけの人間としての「品格」とか「器」を形成するためであり、そうした研修の場はアジアでは、山下塾しかないと言っている。これは小説内に限らず、現実でも、ほとんど変わりがない。

日本は戦後、「五常」すなわち「仁・義・礼・智・信」を教えなくなってしまった。五常の詳解は別に譲るが、こうした日本の精神についても教える場がなく、それを体得した日本人は極めて少なくなった。しかしながら、こうしたことがアジアのビジネスには本当に必要なのである。

敵の弱点であるプロジェクトマネジメントを突いて提案する

「我々、システムインテグレーターは、今までのようなシステム屋から脱皮していかなければ、テクノロジーの進化に乗り遅れてしまいます。中国での仕事も既に、ＩｏＴ（Internet of Things：モノのインターネット）のような先端技術を使ったシステムが大半になってきました。

そのためもあり、当社は多忙を極めています。ただ、先日もお話ししましたように、あちこちのシステム開発プロジェクトで、その進捗や進め方について問題が山積しており困っているのです。ですので、今日、お越しいただいたというわけです」

蘇の話に、三森が答えた。

「そうですか。日本でも蘇総経理が米国で見てこられたのと同様のことが起きています。タクシー配車の Uber は、日本の法規制が厳しく普及とまではいきませんが、わずかながら動き出しています。ＩｏＴについては今、多くのお客様から要望が集まってきています。ＥＶ（電気自動車）も同様ですが、中国の場合は人口も多いので、生産規模も桁違いに大きくなりそうですね。原子力についても日本で事故が起こってしまったように相当に注意をしませんと、多数の原子力発電所が同時に稼働し始めたら大きなリスクになるでしょう。中国の経済成長は今、鈍化し始め様々な社会問題があるとはいえ、テクノロジーによる産業の高度化が急速に進展してきていますので、ビジネスチャンスは果てしなくありそうです」

３人はしばらく、米国でのＩＴの話や中国でのビジネスチャンスについて花を咲かせた。しばらくして三森は、蘇に向き直ると改めて話を始めた。

「ところで、佐々木にご質問いただいた件について、ご説明差し上げたいのですが、いかがでしょうか？」

「そうでした、ちょっと待ってください。今関係者を呼びます」

いったん席を外した蘇は、しばらくして過日会った海外事業部長の郭と副総経理の邱の２人を連れて戻ってきた。蘇は２人を三森と佐々木に紹介した。それを受けて佐々木が説明を始めた。

「みなさん、こんにちは。それでは蘇総経理からご依頼のあったプロジェクトマネジメントについてお話させていただきます」

そういうと持参したＵＳＢメモリーを備え付けのＰＣに接続し、自ら作成したパワーポイントの資料を開いて説明し始めた。作成した資料が彼らにとって妥当かどうかを確認しながらの説明だった。

「先日、蘇さんにはメールでお送りしましたが、御社が現在取り組んでおられる某銀行でのプロジェクトでテストシナリオの進捗が、はなはだ悪いということをお聞きしました。それについて想定される、いくつかの課題を提示してみました」

北京鳳凰の現在のプロジェクトの課題についても逐一確認しながらの説明になったため、用意したスライドは、わずか20枚だったが、結局3時間もの討議になってしまった。

佐々木の説明に対しては、蘇以下全員が相槌を打って聞き入っていた。佐々木は日本でも同様の問題が頻繁にあることは黙っていた。いずれにせよ佐々木にすれば、プロジェクトマネジメントの問題は、日本でも日常茶飯事に起きているだけに説明しやすいテーマでもあった。

気が付けば、もう6時を回っていた。蘇が言った。

「佐々木さん、まだまだ聞きたいことがありますので、場所を変えて話を続けませんか。蘇州街の近くに小紅蕃薯時尚台菜という台湾料理の店があります。落ち着いた店なので、そこで話を続けましょう。その店には中国のアンティーク画がたくさん展示してありますから楽しめますよ。台湾料理ならお2人のお口にも合うでしょう。北京料理は少し塩辛いですから」

そう言った蘇は、郭に車の手配をさせた。

店に着いた時には、もう7時を回っていたが外はまだ明るかった。料理は郭が注文した。確かに出てきた料理は台湾料理だった。皮付きの鴨を焼いたものとか豚肉の煮込みなどだ。山下塾の木元塾頭は台湾料理が好きだったので佐々木もよく台湾料理の店には出掛けており、味には馴染みがあった。

議論が白熱するなかで香港プロジェクトの共同化を提案

ビールで乾杯した後、先ほどの話が再会された。副総経理の邱が最初に議論を始めた。

「佐々木さん、先ほどの総合テストの説明では、私共のプロジェクトの進捗が芳しくないのはテストのやり方よりも、概要設計に問題があるのではないかと言われました。ですが、そうなりますと、もう一度プロジェクトをやり直さなければならないということになってしまいませんか？」

「いえ、そうではなく、問題がある箇所の要件定義だけを見直せば良いのではないでしょうか？」

「それでも相当の手戻りが発生します。それはどう考えればいいのでしょうか？」

こうした議論がまた小一時間も続いた。料理も中盤になり、酒もビールから赤ワインに変わった。最近は北京でもワインを飲む人が増えてきた。2本も空いたところで、三森が話の流れを変えようとしてプロジェクトマネジメントの議論に口を挟んだ。

「弊社は、こうしたプロジェクトの運営管理には精通しています。今回のプロジェクトも一緒に組めれば弊社は喜んで御社に、こうしたプロジェクトの運営と品質管理の進め方を開示できます。是非ご一緒しませんか？」

三森の提案には蘇がすぐに反応した。

「そうですね。是非ご一緒したいですね。今日の午後から、お２人のお話を聞いていますと弊社のプロジェクト運営のレベルは相当に低いようです。みなさんのやり方を是非学んでいきたいと思います。邱さんと郭さんの意見はどうです？」

まず邱が答えた。

「蘇総経理が言っていることには私も賛成です。私も、いくつかプロジェクトを見ていますが、今日、佐々木さんが言われたことは弊社の弱点です。アメリカのシステム開発方法論を昨年から導入していますが、マニュアルに書いてあっても実務経験が少ないせいか、なかなかその通りにはいかず困っています」

話が終わるか終わらないうちに郭が反論した。

「みなさん、そう言われますが、今回のプロジェクトは1年以上も前から準備を進めてきています。この仕事が取れれば、アメリカのスタッフとも共同で進める話をしています。蘇総経理も今回は、そのためにアメリカに行かれたのではないのですか。

特に今回の技術仕様は我々が得意な要件でまとめてきたという経緯もあります。大変失礼だとは思いますが、日本ＩＴＣソリューション様は今回の入札から参加されています。我々が投資してきた作業工数と金額は、御社とは比較にならないほど大きいと思います。それをここにきて共同プロジェクトにすることには賛成しかねます」

郭の意見に対して蘇が答えた。

「確かに、郭の言うことはもっともです。我々はこの1年、このプロジェクトに３００万人民元（約５８００万円）は投資してきました。見方にもよりますが、たかが３００万元とも言えます。

先ほど佐々木さんが言われたように、某銀行のプロジェクトの進捗は、とんでもない状況です。プロジェクト全体の金額は2億人民元（約38億円）ですが、そこで見込んでいた利益は４０００万人民元（約7億７０００万円）です。ですが今の調子でプロジェクトを見直すということになると相当のスケジュールの変更を余儀なくされるでしょう。このままで進んでしまうと、ざっと１０００万人民元（1億９３００万円）の赤字です。なんとか赤字にならないように進めたいと努力しているわけです。

これと、今回のプロジェクトに投資してきた金額を比べてみてください。今回の入札予算は多分8億香港ドル（約１２４億円）ほどでしょう。仮に某銀行のようになってしまったら、弊社は売り上げの5割増どころか、間違いなく倒産してしまいます。この中関村にも、そうやって倒産した企業は数多くあります。我が社は努力と勤勉と誠意で、ここまで伸びてきました。そうしたことも考えていただきたいのです」

【解説】

今回のテーマは、グローバルリーダーの要件の中でも、本来必要とされる専門的なスキルに関する部分である。佐々木は北京鳳凰の3人に対してプロジェクトマネジメントの課題と、その対応策を綿密に準備して説明した。それにより蘇総経理には日本ITCソリューションと組んだほうが採算が取れるということを確信させたし、反対者である海外事業部長の郭を説得しようとしたのだ。

佐々木は、蘇総経理に「北京鳳凰だけで、このシステムを開発したら失敗するかもしれない」

という懸念を持たせることを狙って、プロジェクトマネジメントについて説明した。ここがポイントだ。

共同受注を提案するもプロマネのみの支援を求められる

「今回の入札予算は多分８億香港ドル（約１２４億円）ほど。もし某銀行のようにプロジェクトが滞ってしまったら、弊社は間違いなく倒産してしまう。そうしたことも考えてほしい」という蘇総経理の郭事業部長に対する発言を、北京鳳凰の邱副総経理が引き継いだ。

「郭さん、私は総経理の考えに賛成です。例えば、プロジェクトとしては弊社が落札し、日本ＩＴＣソリューション様にプロジェクトマネジメントをサポートしていただくのはどうでしょう？要件定義から運用テストまでのスキルとノウハウは弊社も持っていますし、アメリカの支援も得られます。あえて設計・開発の段階にまで日本ＩＴＣソリューション様に参加してもらわなくてもシステムは構築できます。だからプロジェクトマネジメントにだけ参加してもらうことにすれば良いのではないですか？」

こうした議論が途中から中国語で交わされるようになり北京鳳凰の３人の間だけで続けられた。駐在経験がある佐々木ですら彼らの中国語にはついていけなかった。三森と佐々木は、ただ彼らの議論が終わるのをじっと待つしかなかった。議論は夜９時を回っても続いた。

９時半を回った頃に、蘇が三森と佐々木に、こう話しかけた。

「すみません。我々の議論が白熱してしまい、お２人をそっちのけにして話し込んでしまいました。結論から申し上げますと、今回のプロジェクトは弊社にやらせてください。ただし、プロジェクトの運営管理には御社にも参画してもらいたいと思います。いかがでしょうか？」

三森がすぐ切り返した。

「それは困ります。それだと御社がプロジェクトのほとんどの工数を担当することになります。それにプロジェクトマネジメントだけといっても、実質的な内容を理解しない限り、それは不可能です」

それに対して蘇が答えた。

「必ずしもプロジェクトマネジメントだけではなく、現状分析や要件定義から参加していただきます。実際の中身を知らなければプロジェクトマネジメントができないことは我々も良く知っています。ですから上流工程は一緒に担当するということでどうでしょうか？」

「ということは、蘇さん。このプロジェクトは御社が受注し、そこに弊社が参画するということになりますか？」

三森の改めての問いかけに、蘇はあっさりと答えた。

「そういうことになります」

人を致して人に致されず

佐々木はその時、孫子の兵法の虚実篇にある以下のくだりを思い出した。

「孫子曰く、先に戦地に処りて、敵を待つ者は佚《いっ》し、後れて戦地に処りて戦いに趨《おもむ》く者は労す。故に善く戦う者は、人を致して人に致されず」

この意味は次の通りである。

「孫子曰く、凡そ先に戦場に布陣し、敵を待ち受ける軍隊は鋭気を養えるが、遅れて戦場に到着し、戦闘に赴く軍隊は疲労が多い。だから、戦争に巧みな者は先に布陣し、敵を思いのままにして、敵に思い通りにさせられることはない」

このくだりで佐々木が特に思い起こしたのは「人を致して人に致されず」という点だ。すなわち「敵を思うがままに動かして、決して自分が敵の思うままに動かされるようなことはしない」ということである。彼らが受注してしまったら、プロジェクトは彼らの思う通りに動いてしまうかもしれない。だからなんとしても、このプロジェクトは日本ＩＴＣソリューションが受注しなければならない。佐々木は、すぐさま蘇に返答した。

「それは、今回の入札は『負けて降りろ』ということではないですか。それでは弊社の役員会は通りません」

佐々木の声は多少感情的なトーンを含んでいたが、蘇は穏やかに答えた。

「佐々木さん、そうは言っても、プロジェクトマネジメントと上流工程である設計への参画であれば、ほとんど共同プロジェクトだと言えるのではありませんか？収益もほぼ折半ということになります」

そこで佐々木は、しばらく沈黙した。仮にここで妥協すれば、まずは専務が承諾しないだろう。我々が落札し、彼らに外注するとなれば話は別だが、プロジェクトの主導権を彼らが握るということは、プロジェクトの成否について責任を取れないということになる。

それに海外事業部長の郭が落札後に、どういう対応をしてくるかも分からない。「やっぱり協力は不要」と言ってくる可能性もある。そう考えれば、蘇の提案を今、受けるのはまずい。「ここで彼らのオファーには合意できない。まずは棚上げにしよう」と佐々木は思った。その思いは三森も同様だった。三森が先に口を開いた。

「蘇さん、この話は預からせてください。本社で私の上司と相談して参ります。結果は改めてご連絡いたします」

「分かりました。さてと、そろそろお開きにしますか」

蘇の一言をきっかけに一同は席を立った。三森も佐々木も気が重いままホテルに帰ることになった。そんな2人に蘇が声を掛けた。

「是非、一緒にやりましょう。我々はあなた方を必要としています。共同でやればきっと成功しますよ」

蘇はニコニコして彼らを見送った。今回のプロジェクトに日本ITCソリューションを巻き込めれば、プロジェクトが失敗する確率が大幅に減るとの目算から、蘇は何としても彼らを巻き込もうと腹に決めていた。その意味では、佐々木のこれまでの努力は功を奏したことになる。ただ「プロジェクトの主導権が取れないのではないか」という不安は、むしろ強まっていた。

三森と佐々木がホテルに戻ると、もう11時を回っていた。

「佐々木さん、一杯飲みましょうか」

三森は佐々木をホテルのバーに誘った。このホテルのガーデンウィングの1階にあるテラスバーは風情がある。2人はそこで今日の疲れを癒した。中国風の庭園が夜のライトに浮かび上がって見える。

「佐々木さん、今日はご苦労様でした。やっぱり蘇さんはいい人ですね。交渉は成立しませんでしたが、嫌な感じはしませんでした。彼が言っていることは、もっともだと思います。ただ、彼らが落札してしまうと、本当に我々に発注してくるのかどうかの保証がありません。もっと問題なのは我々が主導権を取れないとプロジェクト自体の成否を確証できないことです。

蘇さんの提案は彼の立場からすればもっともですが、合意はできません。我々が受注すれば、結局は中国とかアジアのどこかに半分以上は外注に出すのですから、彼らと組むこと自体に問題はないでしょう。彼らが落札したいと言っている点が問題です。日本の本社は彼らに落札を譲歩することを理解しないでしょう。日本の組織はそういった融通が聞きません。いずれにしても、サラリーマンである我々の意思では決められませんが」

三森は独り言のように言った。

「そうですね。彼らの提案を我々が蹴ってしまったら多分、我々は勝てないでしょう。彼らは間違いなく安値攻勢をしてくるでしょうから。どうすれば良いでしょうか」

佐々木は三森に質問するというよりも自問した。

「そうですね。次の予定はどうなっていますか」

「6月24日に入札資料のドラフトができあがります。北京鳳凰が参画することを前提に工数を見積もるように指示しています。ですから、どのような形にしろ、蘇さんとの共同プロジェクトは可能です。プロジェクトの管理工数に10％上乗せしています。ただ日本人だけですべてを設計・開発はできませんから相当部分は外に出さないとプロジェクトは回りません」

佐々木の説明に三森はうなずいた。

「そうなると、彼らへの持って行き方ですね。蘇さんは彼の部下の意見を尊重する形で、今日は結論だけを言ってきました。ですが本人は実を取るタイプだと思います」

「実を取る？」

「そうです。実を取るタイプです。彼の部下は彼らが落札することにこだわっていますが、彼自身はそんなことはどうでもいいと思っているのではないでしょうか。プロジェクトの成功と実質的な収入です。入札で勝っても利益が出なければ、意味がないと彼は思っているはずです。さらに彼は我々がプロジェクトマネジメントに強いと確信しているので、プロジェクトを成功させるには我々に任せたほうが良いと考えているはずです。

それに彼らは我々とは違って、自らが落札しなくても実質的にプロジェクトに参画できれば他の顧客には『受注した』と宣伝するでしょう。そういうところは日本企業と違うと思います」

三森事業部長は、そう佐々木に答えた。


【解説】


今回のポイントは「人を致して人に致されず」、すなわち「敵を思うがままに動かして、決して自分が敵の思うままに動かされるようなことはしない」ということだ。

大型案件を北京鳳凰が落札してしまえば、どのような口約束が事前にあったとしても、彼らがどう翻意するかは分からない。特に、最初から反対の姿勢を崩さない海外事業部長の郭が、どんな行動にでるかは、はなはだ不透明である。

そこで佐々木は、何としても日本ＩＴＣソリューションが受注しなければならないと考えているし、三森は、まだその芽があると考えている。

第6章　合意の糸口が見えない。

競争でも攻めてはいけないポイントがある

　日本ＩＴＣソリューションの三森事業部長は、北京鳳凰の蘇総経理は「実を取るタイプ」だとみて、話を続けていた。

「日本企業はプロジェクトを落札できないと、実績として認められないところがあります。形だけの問題ですが、中国ではそういうことはないでしょう。どんな形であれ、プロジェクトに参画したかどうかで十分評価されるはずです。そこを狙えば、我々には、まだ交渉の余地があります。6月24日にドラフトができると言っていましたね。それを見てから、もう一度、蘇さんに会いましょう」

「事業部長、もう一度会ってどうされるのですか？」

「会って我々に落札させてくれと言います」

「そんなことを言って、彼らは納得するのでしょうか？」

「納得しないかもしれません」

「では、どうしてもう一度、会うのですか？」

「あの会社には創業者がまだ健在でしょう」

「というと蘇総経理のご尊父ですか？」

「そうです。董事長です。中国人は親の言うことを聞きます。ですから董事長としてではなく、総経理の父親として会うのです。

日本では福沢諭吉が昔、『徳育如何』という論文で、『道徳教育は国民の自主的な議論に基づいたものであるべきだ』と発表してから戦前までは、親に孝養を尽くそうという考えは日本にもありました。戦後、教育勅語が廃止され修身教育がなくなってしまってからは、親を敬うという風習は今の日本にはありません。ですが中国では、そうした儒教の考えが依然として存在しています」

「確かにそうでした。この中国では儒教の教えが未だに健全ですね。文化大革命があっても、そうした徳育は全く影響を受けませんでした。日本でも親を敬うという習慣がありますが、中国のように徹底して敬うという習慣はもうありません。確かに戦前は教育勅語があったので、日本も中国のように親を敬っていましたね。ところで、蘇総経理の御尊父にあってどういう話をするのですか？」

「それはこれから考えましょう。君は孫子を勉強していますよね」

「そうですが」

攻撃してはいけない点を突いているのではないか

こうした会話の中で佐々木は、孫子の九変篇の一節を三森に説明した。

「塗《みち》に由らざる所有り。軍に撃たざる所有り。城に攻めざる所有り。地に争わざる所有り。君命に受けざる所有り」

意味は以下の通りだ。

「通ってはいけない道がある。攻撃してはいけない敵もある。また、攻めてはいけない城もあり、奪ってはならない土地もある。たとえ君命であったとしても受けてはならない命令もある」

今回の蘇総経理の提案はまさしく「撃たざる所有り」、すなわち攻撃してはいけない提案ではないかという考え方を佐々木は説明した。つまり重要なことは、蘇総経理が本当に求めている部分は何か、そこを踏み外しさえしなければ我々の提案は受け入れられるのではないかということだ。蘇の提案を今のまま受けるわけにはいかない。果たして、どう進めていけばよいのだろうか。

そうした議論がひとしきりあったものの結論は出ないままに時間は過ぎていった。このバーの閉店時間は0時であり、もうその時間になっていた。三森は佐々木に「もう寝よう」と言って、自室へと戻っていった。

翌朝2人は、8時35分発のNH5728便で羽田に向かった。羽田に着く便で手頃な時間なのは、この朝便か夜8時以降に着く便しかない。そのため彼らは北京から帰りの便はいつも、この便にしていた。会社には午後2時過ぎには着ける。

日本に戻ってからの佐々木は、日本国内での仕事と6月24日に向けた入札のドラフトの作成指示とレビューに翻弄された。

ドラフト作成における課題はいくつかあったが、最大の課題は一体いくらまでコストを削減できるかだ。5月の検討資料報告会では8億香港ドル（約124億円）で落札しても採算は取れそうになかった。ましてや北京鳳凰とのジョイントプロジェクトにした場合、そのコストがさらに上乗せになるため、ますます利益の確保は難しかった。

さらに、どの部分を自社で担当し、どの部分を外注先に出すかを慎重に考えないといけない。

北京鳳凰には、かっこいいことを言ったが、プロジェクトの進捗遅れは日本でも日常茶飯事で、ちょっと油断すれば直ぐに赤字になってしまう。蘇総経理には、プロジェクト管理については日本では問題がないかのようには言ったが、日本での問題も彼らと全く変わらない。

外国人を管理できる人材が日本側にいない

さらに問題がもう１つあった。外国人を使う際の日本側の管理能力である。日本ＩＴＣでも外国人を使ってきてはいるが、外国企業と共同で大規模プロジェクトを運営した経験はない。つまり、そういう管理ができる人材は、いないということだ。

本当は喉から手が出るほど、蘇さんのところに「全面的に委託したい」と言いたいほどだった。だが、協業に反対派の事業部長もいたので、そんなことは言えない。英語ができて仕事ができて、専門知識と経験のある人材はたくさんいるのだが、外国人を引っ張っていける人材は極めて少ない。そこが日本ＩＴＣソリューションの最大の課題かもしれない。

ＴＯＥＩＣで８００点を取っていても必ずしも英語ができるとは限らない。ＩＴスキルが高く仕事ができたとしても、中国人やバングラデシュ人を引っ張っていけるとも限らない。「英語ができ、専門スキルがあり、仕事ができればいい」というのが、会社のグローバル人材の目標だが、それではダメなことは分かっている。

そもそも社長以外にグローバルリーダーと呼べる人材は日本ＩＴＣにはいない。本社の人事部に山下塾のことを説明しても理解は示さないだろう。そう思うと暗い気持ちになった。いつか機会があれば社長に是非、そうした話をしたいと佐々木は思っていた。

システム導入のタイミングは決まっている。あとは、その期間における作業と工数の配分だ。ただ仮に、そうしたことがスマートに決まったとしても、果たしてそれぞれの領域別に適材を配置できるだろうか。そう考えると、不安要素が果てしなく出てくる。自分がしっかりしなければ、誰が仕切れるのだろうかと佐々木は責任の大きさに押しつぶされそうだった。

そんなプレッシャーの下、多忙な日々が経過していった。

6月24日の入札資料のドラフト会議には、専務の苑田も出席することになった。彼は、これまでの経緯を三森から聞いており、自身も北京鳳凰に出向き蘇総経理に会いたいと言っていた。三森事業部長も、蘇総経理とは、もう一度交渉し、かつ彼の父親である董事長にも会いたいという。そのアポも取る必要があった。

そんな中、佐々木の仕事も一段落し、プロジェクトの方向性もある程度、見えてきた。そしてようやく、蘇総経理にメールを打った。プロジェクトの提案内容の最新報告をすると同時に次回のアポを依頼した。彼からの返事はすぐに届いた。董事長との面談も了解してくれた。

【解説】

今回のポイントの1つは、三森事業部長が蘇総経理を説得するために、彼の父である董事長と会おうとしている点だ。親を敬う文化が中国では儒教のせいで、まだまだ根強いことは認識しておく必要がある。中国ばかりでなく、アジアの儒教圏はすべて同じだ。アジアのほぼ全域で華僑が経済を支配しているので、アジアすべてと言っても過言ではない。

儒教における親の立場は、日本の敬老とは全く異なっている。理不尽なことでも親に従う場合が多い。実は戦前の日本はそうだった。だが今の日本では修身教育がなされていないので、そうした慣習はもうなくなってしまっている。

もう1つのポイントは、孫子の九変篇の一節である「軍に撃たざる所有り」、すなわち攻撃してはいけない提案もあるということだ。彼らの提案を否定するのではなく、その背後にある蘇総経理の意図をどう考えるか、その対応策をどう検討すれば良いのかを読まなければならない。

こうしたことを踏まえて、プロジェクトのコスト管理や外国人を含めたプロジェクトの運用などを考える必要がある。

入札資料ドラフト会議のために香港に飛ぶ

入札資料のドラフト会議が開かれる6月24日の2日前、日本ＩＴＣソリューションの佐々木課長は、ドラフト最終資料をレビューするために一足先に香港へ向かうことにした。飛行機は前回と同じ8時55分発のＮＨ８５９便だ。この便は便利で、香港国際空港には12時55分には着いてしまう。今回も到着日は日曜日に重なったので、佐々木はその日はホテルで過ごすことにした。

佐々木は、グローバルリーダー育成を掲げる私塾「山下塾」の塾生のため、塾からのホームワークが結構ある。その最大の作業は翻訳だ。英語から日本語だけでなく、日本語から英語に翻訳する資料もある。木元塾頭は佐々木に毎日20時以降の2時間をその作業に当てろと指示してきている。佐々木もグローバルリーダーになるために、この過酷なノルマをもう1年間も果たしてきた。そうした努力に対し目に見える成果が出ているだけに、歯を食いしばりながらこなしている。
今の課題は三十六計のケーススタディーの英訳だ。三十六計そのものは英語版があるが、塾長が書いたケーススタディーは英語になっていない。英訳は、まだ第五計までしか終わっていない。第五計とは「火に趁《つけこ》んで劫《おしこみ》を打《はたら》く」である。その意味は「燃えている家から略奪する」だ。日本人であれば第五計は、当たり前のことを言っているのではないかと読み飛ばしてしまいそうだが、そうではない。これは中国人の相手を攻める時の基本的な姿勢だ。中国人は日本人とは違って実は攻撃的ではない。相手が負けそうになるタイミングをじっと待つことが彼らの考え方なのである。

木元塾頭が作成したケーススタディーは、南シナ海の中国領土に関したものだ。中国軍が1974年1月、当時の南ベトナム政府軍との交戦によってパラセル諸島を占領して以来、40年をかけて粛々とベトナム領土を侵食してきたといった内容である。この例のように中国政府は何十年もかけて領土を拡張してきている。その背景にあるのが三十六計なのだ。それほど第五計は中国人が攻撃するときの根幹の計だと言える。

弱みを突く考え方は、社会道義上悪いことだと決まっている。だが中国人は、物心がつく前から三十六計のこうした奸計を「してはいけない」という教育を受けている。つまり身体に染み付いている。だから成人になると逆に、そうしたことを無意識にやってしまうのではないだろうかと佐々木はかねがね思っていた。

信頼関係にあっても厳しく工数管理をしなければ請求額が増える

今回、北京鳳凰と共同プロジェクトを実施するとなったとき、役割分担とか費用の割り振りなどにおいて、三十六計の考えが出てこないとも限らない。いくら信頼関係を結べたとしても「きちんと計算をして、きちんと話し合わないとまずい」という思いが、佐々木の頭の隅には常にあった。彼らに任せてしまったら何が起こるか分からない。

例えば、システムテストで問題があった場合、先方の部隊が大挙して修正してくれるのはいいが、そのコストがとんでもなく高くなってしまうことが予想される。日本人と違い、相手を信頼していても、厳しく工数を管理しないと、いくらでも請求してくる。それこそが三十六計の第五計「火に趁《つけこ》んで劫《おしこみ》を打《はたら》く」の真意なのだ。日本人は、この第五計に隠れた中国人の深層をそこまで深くは読めない。

佐々木は木元塾頭が作成したケーススタディーの翻訳だけでなく、その内容についても、その背景と裏づけの資料を探して詳細に勉強することにしている。この日曜日は、そうした作業をするいい機会だと佐々木は思った。前回、香港に来た時よりも、今回の方が気持ちは落ち着いている。北京鳳凰との交渉の先が大分見えてきたからかもしれなかった。

翌朝、佐々木は香港支社に8時半に出社した。副社長の森山もすでに出社しており、日本人スタッフの山本と鈴木、中国人スタッフの尚と陳も仕事に取り組んでいた。彼ら全員が、よく仕事をしてくれている。佐々木が出社すると森山が会議室にやってきた。

「やあ佐々木さん、久しぶりです。佐々木さんから送られてきた報告書は読みました。6月5日の蘇総経理との会議は結構、揉めたようですね」

森山はコーヒーを片手に、ニコニコしながら話しかけてきた。

「そうです、参りました。蘇さんに会えたのは良かったのですが、夜遅くまで会議が続きました。途中から彼らだけで議論が始まり、それも中国語で話すので何を言っているのかよく分かりませんでした。そして先方が出した結論が、プロジェクト管理だけを我々にお願いしたいという提案です。その場では断らずに帰ってきたのですが、前回同様に海外事業部長の郭さんは、我々と組むことに反対の姿勢を崩しませんでした。

ただ蘇さんは我々に非常に好意的でした。ご存知のように今回の報告の後で、苑田専務と三森事業部長とで再度、先方を訪問することになっています。三森事業部長からの要望で蘇さんのご尊父である董事長にもお会いする約束をしました。事業部長が言うには中国では父親の権限が絶大だということです。董事長と話ができれば状況が変わるかもしれないというのです」

「専務は明日、事業部長と一緒に来られるのですよね」

「そうです。私が1日早く来ましたのは、香港支社のスタッフに依頼していた幾つかの資料についてチェックしたいことがあったからです」

「それじゃあ、私も同席しましょう。それに今夜は久しぶりにメシでも食べましょう。メンバーはこの一カ月夜遅くまで作業をしてくれていたので、彼らも誘ってみることにしましょう。まだ最終資料が完成していないようなので、参加できないかもしれませんが」

そう言うと森山は佐々木の隣に席を移した。2人が雑談をしていると、プロジェクトのメンバーが会議室に入ってきた。森山の「それでは始めよう」と言う声を合図に、日本人スタッフの山本が分厚い資料を佐々木に手渡した。その資料を森山は昨日のうちに受け取っていたようで既に手元に持っていた。佐々木は、かねてから質問しようとしていた項目の一覧を全員に配り、その資料に基づいて逐次確認を始めた。

「まずプロジェクトの体制ですが、日本人はどこのチームに何人配置する予定ですか？」

その質問には日本人の鈴木が答えた。

「現状分析では各業務にグループリーダーとして日本人をアサインすることを考えています。技術チームのリーダーにも日本人を考えています」

そして、参画する日本人の数と、それぞれのチームにおける役割、さらに各フェーズにおける体制と日本人の役割について説明した。およそ1時間の説明が終わると佐々木が口を開いた。

「日本人が多すぎるなあ。これでは採算が取れないでしょう。半分に減らしてください」

鈴木がそれに答える。

「佐々木課長、そうはいっても、この人数はできるだけ減らした結果です。これ以上減らしてしまうとプロジェクトの品質が維持できなくなると思います」

【解説】

今回のポイントは、佐々木が「山下塾」の宿題として取り組んでいる三十六計である。この三十六計を中国人の家族は子供に教える。中国は国土が広いので、人に騙されないように、こうした36からなる騙しのテクニックを物心つく頃から教える。その結果、子供達が大きくなると、彼らが騙されないようにと教えられたテクニックを自らが使ってしまうのだ。

この三十六計を日本人は使えないだろうし、そもそも、そうした文化は持っていない。結果、計画的につかれた嘘を日本人は見破れない。それだけに日本人のビジネスパーソンは、この三十六計を勉強しておかないと、中国人や華僑とのビジネスがうまくいかない場合が多々あるのである。

見積もりは予定額を15%もオーバーしていた

香港支社で資料作りに携わっていた鈴木は、見積もった人数はできるだけ絞り込んだ結果であり、「これ以上減らしてしまうとプロジェクトの品質が維持できなくなる」と主張していた。

その理由を聞いて、佐々木は答えた。

「鈴木さん、日本人だから品質が高いと思い込んでいませんか。それは間違いです。私は北京鳳凰を2度、訪ねましたが、彼らのレベルは決して我々より劣っているとは思えませんでした。もちろん、すべてにおいて同レベルだとは思いませんが、彼らを信頼できる部分は、あなたが思っている以上にあると思います。それに、この体制でしたらコストがかなり膨らんでいるのではないですか」

「そんなことはありません。コストは予定の範囲に入っています」と鈴木は答えた。

そうしたやり取りが何時間も続いた。コストが範囲内に収まっているというのは事実だったが、工数の読みが甘かったり項目の漏れがあったりしていた。結局、8億香港ドル（約124億円）と仮定しても、予定額を15%もオーバーしていた。明日は東京本社から苑田専務と三森事業部長が合流する。佐々木は「これでは夕食どころではないな」と思い始めていた。

昼食にはサンドイッチを頼み、それを食べながら会議を続けた。一通りの質問と指示が終わった時には、もう午後6時を回っていた。明日の会議は午後2時からだから、今から修正すれば、なんとか間に合いそうだった。一通りの訂正項目は指示できたので後は彼らが体裁を整えれば良い。

佐々木は香港支社、副社長の森山に言った。

「森山さん、飯でも行きますか。後は彼らがまとめてくれるでしょう。明日は午後からですから朝、最終チェックをすれば間に合うでしょう」

「そうですね。飯に行きますか。用意をしますので30分ほど待ってください」

そう言った森山は自分の席に消えていった。佐々木は自分のＰＣを開けて、メールをチェックすることにした。しばらくすると森山が戻ってきた。

「佐々木さん、お待たせしました。今日は尖沙咀（チムサーチョイ）にある『糖朝』にしましょう。ここは日本支店があるので行ったことがあるかもしれませんが、日本の店とは味が違いますので、楽しみにしてください」

２人は連れ立って、佐々木が泊まっているカオルーンホテルの近くにある糖朝に向かった。適当に点心や焼きそば、肉団子麺などを注文し、最後に、この店の名物であるクルミの汁粉をデザートとして食べた。

食事の間、佐々木は森山にこれまでの北京鳳凰とのやり取りを説明し、以前の状況からはだいぶ先方の空気が変わってきたということと、蘇総経理が我々に対して相変わらず好意的だということを改めて伝えた。さらに、事業部長の三森が今度は「北京鳳凰の董事長に会いたい」と言っていることの経緯も詳しく説明した。

中国科学院軟件研究所の研究員だったから政府とのパイプもある

「佐々木さん、そうでしたか。北京鳳凰の董事長はたしか蘇さんのご尊父でしたよね」

「そうです。中国では社長よりも父親の方が偉いようです。ですから、切り札として彼をうまく利用できないかということを事業部長は考えているようです」

「そうですか。でも、どうやって彼に説明するのですか」

「彼は北京鳳凰を創業する前は、北京の中国科学院軟件研究所の研究員でしたから、ITについての知識だけでなく、政府との交流もあるはずです。それに彼は文化大革命（1966年から1977年まで）の前に大学を出ているようですので、教養のレベルも高いと思います。孫子とか論語は知っているはずです。

森山さんも知ってのとおり、私は山下塾で1年以上、勉強してきているので、そうしたことにはかなり精通しています。ですから、彼からの信頼は得られると思います。ただ、彼が今回のプロジェクトに対して、どこまで把握していて、どのような考えを持っているのかは全くわかりません」

佐々木は自らの意見を森山に話した。その後、話はその日の新聞記事の話になり、香港の70万人が非公式な住民投票によって香港の行政長官の選挙に対して民主主義を訴えていることなどについて議論を交わした。

「佐々木さん、行政長官は同政府のトップですが、2014年に選挙が行われる予定です。先日、任意の住民投票を民主派団体の『オキュパイ・セントラル』が行ったわけですが、その『オキュパイ・セントラル』は制度を改正して住民が選出できるようにすべきだと主張しています。香港政府と中国政府は当然、この投票は違法だといっています」

森山の説明を聞き、佐々木は山下塾で日頃から議論している内容について話し始めた。

「違法だというでしょうね。中国政府にすれば、香港が1国2制度の地域だとは言え所詮は中国の一部ですし、民主主義とは言っても制約していきたいでしょうね。中国は一党独裁制度ですから歴史的にも民主主義は馴染みません。それに香港の人たちはお金儲けの方に関心があるでしょうから、こうした政治にはあまり関心がないでしょう」

こうした会話をひとしきりして2人は別れた。佐々木はホテルまで歩いて帰った。明日は早く出社し報告資料の最終チェックをしなければならないので早く寝ようと思っていた。

ホテルに戻ってテレビをつけると、先ほど議論した行政長官選挙の制度改革についてニュースをやっていた。香港にいる700万人の住民のうち1割が投票したようだ。ただ、その電子投票のWebサイトがハッカーに攻撃され、締め切りを延長したとニュースは伝えていた。ニュースを眺めながら、「明日の会議で専務は、どんな反応を見せるだろうか」などと思案しているうちに結局、0時を過ぎてしまった。

翌朝は7時に起き、いつもの日課と朝食を済ませると、慌ただしく支社に向かった。支社には8時半についたが、彼らはもう出社していた。佐々木は昨日指示しておいた項目をもう一度チェックしてから、鈴木に配布資料をコピーするように指示した。そこに森山がやってきた。

「佐々木さん　おはようございます。今日は支社長の廣田も同席します」

そう森山が言い終わるか終わらないうちに廣田支社長が会議室に入ってきた。
「やあ佐々木さん、ご苦労様です。前回来てくれた時には会えずに失礼しました。出張で広州に行っておりました。今日の会議には参加させてください。私にできることは精一杯協力させていただきます。では後ほど」
そう言うと廣田支社長は会議室から出て行った。

【解説】

今回のポイントは2つある。第1番目のポイントは文化大革命だ。この時に大学時代を迎えた人たちは学校に行っていない。逆に現在の年齢が70歳以上であれば、大学を出ている。もしくは60歳前後であれば文化大革命後に大学に入学している。佐々木は董事長は70歳以上だと判断している。だから、儒教とか五常すなわち仁義礼智信の話が分かると考えている。

もう1つのポイントは、香港の1国2制度である。彼らが議論している任意の住民投票は2014年春に起こったことなので、まだ学生が「アンブレラ革命」を起こす前の話だ。中国は昨今、経済力をつけており、東南アジアに対して、インフラ銀行を創設するなど軍事だけでなく金融面においても各国を懐柔しようとしてきている。

この香港に対しても、天安門の時のような武力弾圧ではなく、大国としてのゆとりを持った対応をしている。そもそも香港は中国の領土である。佐々木が「中国の意のままだ」といったようなことを話しているが、香港の住民が何を言おうと意に介さないスタンスだ。それだけ中国が、経済力だけでなく、外交力においても自信を持ってきているといえよう。

その中国は2013年11月23日、東シナ海防空識別圏の設定を公告した。だが実際には、その防空を守れなかった。それほど軍事においては、まだまだ遅れている。少なくとも今の軍事力では10年たってもアメリカに追いつけないだろう。しかしながら、中国政府は香港に対しては余裕をもって対応している。まさに香港は当分の間、中国にとってアジアへの金融のゲートウェイの役割を果たすだろう。だが、やがては上海と深圳が、それに取って代わっていくことになる。

専務は中国企業の下請けになることを否定した

「ご存知かもしれませんが、専務と事業部長は今朝8時55分発の便で香港に着くという連絡が入っています。香港支社には午後2時過ぎには到着されるでしょう。それまで時間がありますので、昨日の懸念事項についてもう一度打ち合わせをしておきましょう」

そう言う森山に佐々木が呼応した。

「そうですね。最大の懸念事項は北京鳳凰との関係をどうするかです。これまでのシナリオでは北京鳳凰の名前は出していませんが、中国企業との実質的な共同プロジェクトになっています。いずれにしても我が社単体では、このプロジェクトは推進できませんから、資料そのものには問題はないと思います。ただ問題は北京鳳凰との話し合いの中身でしょう。苑田専務は入札で北京鳳凰が勝つことを潔しとはしないでしょう」

この一言を受けて、入札資料検討会の資料の懸案項目を逐一議論していった。佐々木が言う。

「まあ、工数的にはなんとか固まりましたが、どこかでちょっとヘマをするだけで、すぐに予算をオーバーしてしまいます。上流工程ではなく、ユーザーを交えた運用テストで問題が噴出することが多々ありますから、ユーザーとのすり合わせは現状調査と要件定義の段階でしっかりやらないとまずいです。

そして今回は作業がすべて英語になるだけに、日本側のスタッフと彼らの考え方の間で齟齬《そご》が発生しやすいと思います。そのための対策と時間的なオーバーヘッドは考慮しましたが、この点は心配してもきりがありません」

佐々木と森山の2人は、香港支社の4人のメンバーとともに延々と議論をした。昼はメンバーに買って来させたハンバーガーで済ませた。

午後2時を少し回った頃、苑田専務と三森事業部長が香港支店に到着し、廣田支社長の出迎えを受けた。しばらく彼らは、支社長室で話をしてから、3人がそろって会議室に現れ、苑田専務がプロジェクトメンバーに挨拶した。

「やあ、みなさん　ご苦労様です」

挨拶もそこそこに、入札資料の検討会が始まった。森山がプレゼン、佐々木が逐次、補足説明を加えた。2人とも何度も議論してきたので、発表内容には自信があった。30分ほどでプレゼンテーションが終わると、専務と事業部長、支社長から1時間ほど質疑応答があった。そして苑田専務がプロジェクトメンバーに向かって締めくくりの挨拶をした。

「みなさん、ご苦労様でした。今回のプロジェクトの入札での提案内容はよく理解できました。今回が我が社にとって初めての海外での大規模プロジェクトになります。しかも、プロジェクト自体、海外の方々と共同で進めていく形です。ですから、入札に勝つことはもとより、その後の進め方も相当慎重に進めないと、とんでもないことになってしまうでしょう。みなさん、入札には気を引き締めて臨んでください」

佐々木と森山がホッとした表情を見せようとする前に、苑田専務が続けた。

「みなさんが作成した資料はよくできています。ただ今後の進め方について1つだけ懸念事項があります。

我が社が北京鳳凰の下請けとして参画することには同意できません」

専務の反応は予想通りだった

佐々木と森山は，予想が的中したと言わんばかりに顔を見合わせた。苑田専務が続ける。

「問題は北京鳳凰との関係です。三森事業部長から聞いていますが、北京鳳凰からの提案は、弊社を下請けのように扱おうというものです。そうした事態にも対処できるように、この資料は作られたのかもしれませんが、我が社が北京鳳凰の下請けとして参画することはあり得ません。プロジェクトのリーダーシップを取らなければプロジェクトに対する責任が取れないからです。

たまさか明日は私も北京鳳凰を訪問し、先方の董事長と総経理にお会いすることになっています。その場では再度、この話をしたいと考えています。今日の報告で、プロジェクトの内容がよく理解できましたし、みなさんの懸念事項も把握できました。入札の期限まで3週間しかありませんが是非、最後まで気を抜かずに頑張ってください」

その後、苑田専務と三森事業部長、廣田支社長、森山副社長、そして佐々木課長の5人は、支社長室で引き続き、明日の北京鳳凰に向けての対策会議をもった。三森事業部長が意見を述べた。

「専務には何度かご報告していますが、北京鳳凰の蘇総経理は我々に対して、かなり好意的です。一方、海外事業部長の郭さんは我々との共同プロジェクトには反対しています。前回、北京を訪問したとき、蘇さんは佐々木さんから我々のプロジェクト管理手法に関する説明を評価し『そのプロジェクト管理で参画してくれないか』と提案してきました。我々は、その提案を受けてはいないので、もう一度先方に会って話をしたいと考えています。

ただ、話をするといっても、同じメンバーに同じ話をしても結果は覆せません。ですので今回は、蘇総経理のご尊父の董事長も交えて再度、挑戦したいと考えています」

こうした作戦会議が1時間ほど続き、最終的には董事長をどう巻き込めるかに全員の気持ちが集中した。

そうした雰囲気を察した廣田支社長が、全員を夕食に招待したいと申し出た。もちろん全員が彼の提案に同意した。廣田支社長は専務が来ていることもあり、顧客の接待用に使っているペニンシュラホテルの嘉麟楼に彼らを連れていった。

嘉麟楼は1人1300香港ドル（約2万円）はする高級レストランだ。1980年代に干し貝柱や干しエビなどの高級食材を使って作られたXO醤発祥のレストランとしても有名である。佐々木も一度はここで食べてみたいと思っていただけに、明日の北京鳳凰との会議のことは、しばらく忘れることにした。

苑田専務は、ここ香港に以前、5年ほど駐在していたことがある。日本人観光客がよく行く尖沙咀や旺角（モンコック）ばかりでなく、南Y島、長洲島といった離島まで出かけていった話や、香港でも上海料理から北京料理、四川料理、雲南料理などまでが食べられるといった、たわいもない話に花が咲いた。仕事の話を抜きに、気持ち良く夕食を取れた。

苑田専務と三森事業部長は、このペニンシュラホテルに宿泊する。佐々木が宿泊しているカオルーンホテルまでは、すぐ近くなので、彼は歩いてホテルに戻った。明日の北京での会議は午後4時からだから出発時間も遅くていい。CA108便の出発時間は10時半だから遅刻することはないと思った。今回は佐々木と苑田専務、三森事業部長の3人で北京に行く。彼らとは翌朝ラウンジで9時半に待ち合わせた。

ところがである。ほっとしたせいか翌朝、佐々木が眼覚めると9時半を回っていた。慌てて三森事業部長の携帯に電話を入れた。最近は便利なもので、東京で使っているのと全く同じように携帯が繋がる。


【解説】

ここでのポイントは、入札資料検討会に日本式経営しか知らない経営者が参画したことだ。苑田専務の指摘は、北京鳳凰との関わりに意識が集中している。だが、欧米人とか中国人の経営者の場合、報告会での議論の内容は大きく異なる。彼らはプロジェクトの中身そのものに突っ込んでくる。

今回のプロジェクトの最大の課題は、採算管理と外国人との共同作業にある。にもかかわらず、そうしたことは課長の佐々木に任せ切っている。ロシアの大統領がウクライナに売るガスの価格まで指定しているのとは大きな違いだ。本来、そこまで日本の経営者が関わらないと相手の経営者との交渉はうまくいかないだろう。

日本企業は現地の責任者に権限を委譲しないにもかかわらず、プロジェクトの採算管理の詳細には入ってこない。そこに本社と現地との齟齬《そご》が生じてくる。こうしたことは日本企業だけの問題である。これは日本人の文化かもしれない。戦前の大本営発表と同じような現地との齟齬が生じる原因が、ここにある。

今後、海外でのプロジェクトが数多くなっていくと相手の経営者と日本の経営者の交渉において、こういった日本の経営のやり方では、相手の経営者に足元を見られてしまう可能性が高くなる。大きな課題の1つであろう。

遅刻しても冷静さを失わず威厳や品格を保たねばならない

「もしもし、佐々木ですが。寝坊をしてしまいました。申し訳ありません。次の便で向かいますが、多分先方との会議の時間までには間に合わないと思います。大変に恐縮ですが先に始めていただけませんでしょうか」

北京便に合わせ、苑田専務と三森事業部長とラウンジで9時半に待ち合わせていた。だが、佐々木が目覚めたとき、時計の針は既に9時半を回っていた。慌てて携帯電話で三森事業部長に電話した佐々木だった。ただ、そういうことに三森は気さくな男で「大丈夫、心配いらない」と言って電話を切った。

佐々木は支度を急ぎながらも、孫子の兵法の軍争篇にある「迂直の計」のことを思い出し、ここは「急がば回れだ」と自らに言い聞かせた。

「孫子曰く、凡そ用兵の法は、将、命を君より受け、軍を合わせ衆を聚《あつ》め、和を交えて舎《とど》まるに、軍争より難きは莫し。軍争の難きは、迂を以て直と為し、患《かん》を以て利と為すにあり。故に、其の途を迂にして、之を誘うに利を以てし、人に後れて発するも、人に先んじて至る。此れ迂直の計を知る者なり」

この意味は以下の通りである。

「およそ戦争のやり方は将軍が君主より命令を受け、軍隊を編成し兵士を招集し、敵と対峙してとどまるのだが、機先を制するより難しいことはない。機先を制する難しさは曲がりくねった道を真っ直ぐとし、不利な状況を有利にすることである。つまり、曲がりくねった道をとり、我方の進軍には時間がかかり、敵に利ありと思わせ油断させ、敵より後れて出発し、敵より先に戦場に行き着くのだ。これが迂直の計を知る者のやり方なのだ」

佐々木は落ち着いて行動することにした。すなわち、佐々木が遅れてやってくるとなれば、北京鳳凰内で日本ＩＴＣとの共同化に反対している海外事業部長の郭は、肝心の佐々木がいないことに安心し、苑田専務や三森事業部長と応対するだろう。議論は、前回同様には進展しないに違いない。遅刻をうまく利用する、すなわち「患を以て利と為す」ということで、災いを有利なものに変えていく方法はないか。仮にうまく方向を変えられなくても、マイナスにはならないようにしたいと佐々木は考えたのだ。

とは言え佐々木は、ともかく大急ぎでホテルをチェックアウトしなければならないし、そのために荷物もパッキングする必要がある。香港支社の森山の秘書にも電話して、乗り遅れたことを伝えて、次の便の予約を頼んだ。香港は便利なところで、すぐ次の便が見つかった。11時55分発で北京には午後3時20分に着く。会議は4時からだから1時間の遅刻になる。状況は事業部長が分かってくれているので、そう心配することはないだろうと思いながら、空港に急いだ。

空港に着いた時には11時を回っていたので、急いでチェックインし、搭乗口に急いだ。着くと、ちょうど搭乗を開始したところだった。「やれやれ間に合った」と佐々木は安堵した。飛行機は時間通りに出発し、予定通り北京に到着した。入国審査を終えると直ぐさまタクシーに乗って中関村南大街の中電信息大厦に急いだ。ビルには4時50分に着いた。やはり、ちょうど1時間の遅刻だった。急いで10階に上がると北京鳳凰の受付にたどり着いた。秘書が会議室に案内してくれた。

寝坊もアドバンテージになるかもしれない
寝坊して遅刻した佐々木ではあったが、山下塾で教わったグローバルリーダーとしての冷静さを身に付けていたので、そわそわすることなく、これからの会議での進め方を考えていた。遅刻したからといって慌ててしまっては、北京鳳凰を冷静に説得することはできない。遅れたことを逆に、どのように有利な状況に持っていくのかを考えるのだ。

こういう思考は、別にグローバルリーダーであってもローカルなリーダーであっても同様だ。木元塾長は、そうしたことには極めて厳しかった。男（塾生には女性もいたのだが）としての威厳とか品格を持つよう、いつも自らをいましめていた。

「患《かん》を以て利と為すにあり」と、佐々木は呪文のように何度も繰り返した。本来、佐々木は楽天家なので、今回の寝坊もアドバンテージになるかもしれないとも思っていた。そして会議室のドアを蘇総経理の秘書が開けてくれた。

「みなさん、遅れてすみませんでした」

そう言って佐々木は何事もなかったかのように三森の隣に着席した。

「佐々木さん、久しぶりです」

蘇も遅刻に言及することもなく、これまでの1時間の話を要約して佐々木に説明してくれた。その席には董事長はいなかった。代わりに前回出席していた邱副総経理と郭海外事業部長が同席していた。やはり話は前回から進捗していなかった。佐々木が到着するまでの間、三森は入札に向けた社内検討資料を念頭に「北京鳳凰ではなく日本ＩＴＣソリューションに落札させてもらえないだろうか」といった話をしていた。

理由として三森は、今回の入札が日本ＩＴＣソリューションにとって海外初のケースであることや、北京鳳凰が落札してから日本ＩＴＣソリューションとの共同プロジェクトにするという口約束は日本企業の経営会議では承認されないということを説明した。だから今回は「何としても受注したい」ということも蘇に率直に話すと同時に、本ＩＴＣソリューションが落札しても、実質的な取り分は蘇が提案した内容と変わりがないようにすることも力説した。

それでも郭海外事業部長は全く同意せず、堂々巡りをしていた。ただ双方とも、互いに助け合わないと、このプロジェクトは上手くいかないであろうことには合意していた。どこをどう互いに助け合うかの詳細までは議論できていなかった。状況を把握した佐々木は、そこで改めて遅刻の侘びを言うと、こう切り出した。

【解説】

今回のポイントは佐々木が寝坊したことである。寝坊すると通常は慌てふためいてしまう。しかし彼は、そこで孫子の兵法の「迂直の計」を思い出し、冷静に行動した。そして三森事業部長も話が分かる人だった、世の中は三森事業部長のような人ばかりではない。通常なら怒鳴られているだろう。

ただ、そこであたふたしてしまうと、なんらプラスの成果は期待できない。こうしたアクシデントには冷静沈着に当たる必要がある。「患《かん》を以て利と為すにあり」すなわち「災いを有利なものに変えていく」ことが重要だ。

さらに佐々木は、この遅刻をうまく利用できないかと考えている。蘇総経理には、課長というポジションにもかかわらず、佐々木がこのプロジェクト最大のキーパーソンだということが認識してもらえた。要するに、真のリーダーには地位ではなく、本人の持っている「威厳」と「品格」を備えていることが必要なのである。

最近は中国人もアジア人も、経営者は資産を持っている人が多い。日本人は経営者といっても、その所得は日本人の平均とそう違わない。こうした豊かさの違いがあるため、日本人経営者はアジアの経営者に気後れしてしまうケースがある。日本人は「仕事ができるか否か」「専門的なスキルがあるかどうか」で人を評価する場合が多い。だが海外では、その人の人格とか個性を一番の評価対象にしている。平たく言えば、堂々としているかどうかだ。

佐々木は今回、会議には遅れてきたが、冷静沈着、堂々とした態度で彼らに対応している。こうしたことが交渉では極めて大事である。外国人に対する応対の仕方は日頃から鍛えていないと迫力を持たせられない。日本では服装とか挨拶の仕方とか話し方といった儀式が重視されるが、中国や欧米では、それら以上に、威厳とか品格が重要になる。

第7章　敵の董事長が信用した。

董事長と面談するも共同化の議論は平行線をたどる

日本ＩＴＣソリューション課長の佐々木は、会議には遅刻したものの、議論は堂々巡りをしていた。状況を把握した佐々木は、こう切り出した。

「日本のことわざに『名を捨てて実を取れ』と言う言葉があります。いうまでもなく『体面にこだわらず相手に花を持たせるが、実質的な中身は取る』という意味です。今回の案件を失注すれば何が損失になるのか、言い方を変えれば、今回の入札で御社は何を期待しているのかを改めて良く考えてみていただけませんか？入札に勝つことよりも、実質的な収益を期待しているとすれば、その成果が得られれば、入札に勝つかどうかはどうでもいいのではないでしょうか？

いずれにしても弊社は、このプロジェクトを単体では実行できないことは理解しています。ですから御社と共同で実施したいと考えているのです。我々が期待しているのは、今回のような大プロジェクトでの実績です。もちろん御社にも、そうした実績を作り上げたいというお気持ちはあるでしょう。共同なら、御社の実績にもなりますので、弊社が落札しても御社には、なんら損失にはならないのではないでしょうか？

日本社会は、ここ中国と違って、落札をしないと実績とみなしてもらえない風習があります。ですから今回の入札は弊社に勝たせて頂けないでしょうか」

佐々木は力説した。そうしたやり取りがしばらく続いたものの、北京鳳凰側の気持ちを変えることはできなかった。硬直した雰囲気を変えようとするかのように、蘇総経理が「今夜は私の父親である董事長が夕食に同席するから席を変えよう」と言ってきた。

「さあみなさん、夕食会場に移りましょう。今日は日本料理の『徳川家』というお店を予約してあります。刺身や神戸牛、海鮮類のほか、調味料といった素材までも日本から直接空輸していると聞いています。近くですが車を用意しましたので車で行きましょう」

そう言うと蘇は一行を徳川家まで引率した。レストランに着いた時には、もう7時を回っていた。一行が個室に案内されると、そこに1人の老人が待っていた。蘇が「私の父です」と、その老人を紹介した。

蘇の父は、北京鳳凰の創業者であり現董事長でもある。以前は、北京にある中国科学院軟件研究所の研究員をしていて、ＩＴ関連の業務に携わっていたことを佐々木は、香港支社副社長の森山から聞いていた。そうした関係があるため、中央政府とのつながりも深いことが想像できた。

董事長は、苑田常務と三森事業部長、そして佐々木に中国語で挨拶をした。それを蘇総経理が英語に翻訳して伝えた。苑田と三森が英語で話せば蘇が通訳となり董事長に伝えた。佐々木は流暢な中国語は話せないが、この董事長には中国語で時候の挨拶と今回の目的を手短に説明した。

一同が席に着くと、北京鳳凰の海外事業部長である郭が料理を注文した。

「苑田さん、三森さん、佐々木さん。ここには日本酒がありますよ。何がよろしいですか？」

そう聞かれた3人は、日本酒のリストを眺めた。そこに「八海山」の名前があるのを見つけると、それを頼んだ。郭は、やってきたウエイトレスに日本料理のいく品かを注文した。料理が出てきて、しばらくは最近の日中の停滞した政治問題について話し「困ったなあ」と言った世間話が続いた。

董事長は、蘇総経理の父親といっても蘇総経理自身が30代後半だから、70歳を越えたぐらいである。容貌は中共八大元老の1人である陳雲（1905～95年）のような顔立ちで迫力があった。話もしっかりしていて、ITの知識もまだまだ健在だ。文化大革命（1966年～77年）の直前に大学を出ているだけに、きちんとした教育を受けており、四書五経の素養もありそうだった。背筋をピンと伸ばし、なかなかの人物である。


董事長は金に夢中で国の将来を考えていない経営者を嘆いていた

董事長自身は「今の中国の経営者は金に夢中になっていて、国の将来を考えていない」と嘆いていた。儒教に対しても造詣が深く、予想通り、老荘思想にも精通していた。孫子についても、その背景も含めてよく勉強をしていた。佐々木は、董事長の身のこなしなどを見ながら「自分も歳を取ったら、こうなりたい」と思っていた。

しばらくして董事長は、老子の話をし始めた。

「私は老子を勉強してきました。いわゆる『道家思想』と言われるものです。そこでいう『道』とは何もない天地の始まりのようなもので、そこから万物が生まれてくるという思想です。ですから『無』とは、ありとあらゆる可能性がある状態を指しているのです。ここから天地という陰陽が生まれ、その陰陽に気が加わって万物が生まれます。『無』から『有』が生まれてきたのです。だから老子は、作為がなく自然のままであるという『無為自然』を説いたのです」

佐々木も老荘思想は勉強していた。だが老子の「道」は分かりにくいものである。ただ董事長が話す内容は極めて分かりやすかった。今の中国にも「立派な人がいるのだなあ」と感心しながら、佐々木は彼の話に聞き入っていた。息子である蘇総経理の通訳が丁寧だったこともあるだろう。

料理も終わりに近づいてきて、蘇総経理が先ほどの入札案件の話を董事長に説明した。「要するに今回は日本ITCソリューションに入札を譲ってもらえないか」という三森の要望だ。これに対し董事長は「それは無理な提案だ」と答えた。董事長の反対意見を聞いた佐々木は、改めて蘇総経理からの品質管理に対する要望や、それに対する日本ITCの提案などを説明したうえで、今後のビジネスでは実質的に折半で利益が出るようにプロジェクトを進めたいと要望を伝えた。

「蘇総経理からのご提案では、御社に入札を譲り落札後に弊社の参画を頼むということでした。落札後となれば確たる約束がないため、そうした口約束の話を私どもの企業では経営会議に通すことはできません。ご存知のように日本企業は、みなさんの会社のように融通が利かないのです。実質的に同じであれば弊社が落札しても、共同でプロジェクトを進められれば御社にとっては同じではないでしょうか？」

佐々木は木元塾長に言われた言葉を思い出しながら、董事長に向かって説得を続けた。英語で話し、蘇総経理に通訳を頼んだ。

「儒教では、仁、義、礼、智、信の五常があります。また、みなさんのお国では昔から、父子、君臣、夫婦、長幼、朋友の五倫の道をまっとうさせよと説いています」

【解説】

競合企業に設定されている北京鳳凰は同族企業である。中国では、こうした経営形態の企業が多い。北京鳳凰の経営は、蘇総経理と大学院で同期の邱副総経理の2人が取り仕切っている。だが、大きな案件は彼の父親である蘇董事長が決める。董事長は普段は会社には出てこない。

蘇董事長は四書五経に精通していて、儒教に対する造詣が深い。日本人のほとんどが、こうした中国の文化とか伝統に疎い。加えて最近は、日本人としての精神をしっかり持っている人がほとんどいない。蘇董事長も日本人を信用してこなかった。

佐々木は木元塾頭から学んだ、五常と五倫の内容を董事長に説明している。五常・五倫についての説明は次回以降に譲るが、最近の日本人は儒教を知らない人が多い。一方では華僑とか中国人は、そうしたことを若い人でも勉強している人が増えてきている。企業を運営するためには、社員に企業への忠誠心や集団での協力体制を教える必要がある中で、従来の中国文化である個人主義や利己主義では会社を運営できないからだ。そのための手段として儒教が役に立ってきていると言える。

江戸時代、儒教は人格形成の学問として藩校で教えていた。その儒教を日本人が改めて勉強すれば、アジア各国の経営者の考え方を理解できるだろう。これまでも述べてきたように、改めて儒学を紐解くことで日本人としての精神や歴史をきちんと体得する必要がある。

競合のトップは拝金主義の現状を憂えていた

「日本も戦前は『五常』『五倫』を誰もが知っていました。ですが今は、ほとんど誰も知りません。儒教は中国を元祖とし、2500年前の孔子の『論語』にも様々な説明がされています。ですから私は、五常と五倫が中国人の精神構造の基本にあると思っています。

仁とは人を思いやること。義とは利欲にとらわれない、ということでしょう。この夕食会の前に私は『名を捨てて実を取る』という日本のことわざを説明しました。中国にも後漢書に『有名無実』という言葉がありますね。両者の中身は同じです」

そう言ってから佐々木は、会議室での話の要約を董事長に説明した。今回のプロジェクトを共同で進めることには、お互い異論はない。北京鳳凰にすれば「実」が取れれば良いのではないか。そして「名」の部分を日本ＩＴＣソリューションに譲ってほしいと董事長に熱く訴えた。

「私の提案結果が、御社の提案と同じであれば、今回は御社に譲歩していただいても良いのではないでしょうか？最も肝心なことは今、私が申し上げた『五常』と『五倫』の考えを我々が共有することではないのでしょうか」

ここで「五常」と「五倫」について説明しよう。儒教では、仁、義、礼、智、信の五常の徳性を拡充することにより、父子、君臣、夫婦、長幼、朋友の五倫の道をまっとうすることを説いている。

仁＝人を思いやること。愛、慈しみ、慈悲の心

義＝利欲にとらわれず、なすべきことをすること。正義、判断力、恩義、義理

礼＝礼節を重んじること。辞譲の心。謙虚に、社会秩序に従い、人を敬う

智＝考え学ぶ力、是非の心。知識や経験を通じた正邪の区別ができる知恵
信＝友情に厚く言明をたがえないこと。真実を告げること。約束を守ること。誠実

董事長は佐々木の話を聞き終わると、しばらくしておもむろに口を開いた。
「佐々木さん、あなたが言われることは分かりました。今のようなお話を日本人から聞くとは思ってもいませんでした。私は『五常』を金科玉条にしています。あなたの話は十分に理解できます。

文化大革命の時、私は大学を出たばかりでしたが、就職もままならず、地方の農場で5年間、働きました。おかげで農村の貧しい生活を知ることができましたし、同時に落ち着いて自分の将来の人生を考えることができました。その時の拠り所が儒教でした。

中国は5000年の歴史があります。2500年前には孔子をはじめ偉大な思想家を数多く輩出しました。そうした思想が文化大革命で排斥されたことは悲しいことです。私は逆に、その機会に数多くの書物を読みました。昔の思想家の後に、それを超える思想家が出てきていないことは残念なことです」

国が豊かになり、誰もが金に走っている

董事長は続けた。
「今の中国は共産主義とはいいながら資本主義国家です。ですが民主主義国家ではありません。一党独裁です。とは言え、みなさんの民主主義国家と比較しても、なんら遜色はないと確信しています。問題は中国国民の心です。国が豊かになり、誰もがお金に走っています。佐々木さんが

言った『五常』を考えている人が極めて少なくなりました。

みなさん、この度は本当に遠路から、よくお越しいただきました。大変感謝いたします」

そう言った董事長は「今日は別件の約束がある」と退席してしまった。肝心なところで話は終わってしまった。ただ佐々木は、自分の話に董事長が感じるところがあったことだけは事実だと思っていた。

董事長が退席してしまい、話の進展を期待していた日本ＩＴＣソリューションの苑田専務と三森事業部長はがっくりきてしまった。もう一押しのところで、うまくかわされてしまった。デザートのスイカが出てきたが、そのスイカは甘くなかった。彼らの気持ちと一緒だった。ここはお開きにするしかなかった。

「みなさん、今日の食事はいかがでしたか。北京の日本料理も結構いけますでしょう。董事長はみなさんの考えに納得して帰りました。彼が先ほどのように昔の話をすることは滅多にないことです。相当彼の琴線に触れたのでしょう。

いずれにしましても入札日まであと3週間もありません。是非、両社共同で、このプロジェクトを成功させましょう。本日はありがとうございました。ホテルまでお送りいたします」

蘇総経理は、そう言うとワゴンカーの運転手に電話を入れた。車はすぐにレストランの前に到着し、日本ＩＴＣソリューションの3人が乗り込んだ。今回の宿泊場所はシャングリラホテルだったので、15分ほどで着いてしまった。

「専務、ここはガーデンバーがあります。一杯どうですか？」

三森が苑田に尋ねた。

「そうですね。一杯行きましょうか」

苑田が答え、3人はガーデンウィングのバーに出向いた。苑田と三森は水割りを注文し、佐々木はシンガポールスリングを注文した。苑田が口を開いたが、その声には口惜しさがあふれていた。

「今回は参りました。董事長が佐々木の熱弁にあそこまで気に入ってもらえ、さらに彼が、あそこまで話したのですから、本当にもう一息だったような気がします。ねぇ、三森さん」

「その通りです。あの調子でしたら、間違いなく我が社に入札を譲ってもらえそうでした。董事長は何か意図があって退席したのでしょうか」

【解説】

今回のポイントは蘇董事長が発した次の言葉だ。

「今の中国は共産主義とはいいながら資本主義国家です。ですが民主主義国家ではありません。一党独裁です。とはいえ、みなさんの民主主義国家と比較しても、なんら遜色はないと確信しています」

中国は民主主義国家ではない。一党独裁国家である。しかも、あと数年で世界最大のGDPを保有する。しかしながら、この国家は世界のオペレーションリスクの過半数を持っている。現在の主席は習近平だが、彼が全権力を掌握しているわけではない。10万人ほどの利害関係集団が、この国家を支配している。そういう意味では10万人の合議制国家であるとも言える。

10万人の内訳は、約3000人の人民代表大会代表のほか、軍部、地方政府、国有企業からなっている。それぞれに利害関係を持つ彼らが、実質的な国家すべての意思決定機関である。習近平をはじめとしたトップ7人だけでは、政府の重要事項は決定できない。

であるから、風力発電や太陽光発電のように合意が取りやすいものは世界一になれるが、PM2・5のような環境問題は、石油がらみの国有企業が合意しない限り解決できない。2013年に中国政府が設定した東シナ海防空識別圏も軍部を抑えられなかったからだと言える。土地改革についても地方政府のコンセンサスが取れない限り、中央政府は改革ができない。経済改革とか政治改革は利害関係集団の合意がないと何も動かないのである。

そのため今の中国政府は「汚職撲滅」と称して、利害関係集団の責任者たちを摘発し、配下に収めようとしている。鉄道部と石油企業はトップがすでに更迭された。国有企業で残っているのは電力だが、そのうちに彼らの汚職が摘発されるのだろう。地方政府や軍部にもメスが入れられているが、その組織は国有企業より巨大なだけに、そう簡単にはいかない。こうしたことを理解した上での行動が必要である。

工数と単価を変えて3種の入札資料を作成

「いや、違うと思います。きっと大事な用事があったのでしょう」

「董事長は何か意図があって退席したのではないか」とする事業部長の三森の問いかけに、苑田専務は答えた。

「専務、であれば、もう一度チャレンジしてみましょう。再来週の月曜日が入札資料の最終調整日に予定されています。それまでに、プロジェクトの工数配分と日程の再調整を北京鳳凰が参画する前提で作ってみましょう。それを見れば彼らも考え直すかもしれません。我々のような詳細な積み上げは、きっと彼らはしていませんから、びっくりするはずです。董事長に、もう一度お越しいただきましょう」

佐々木の提案に、苑田専務はしばらく考えてから答えた。

「佐々木さん、いいアイデアだとは思いますが、本当に北京鳳凰を納得させられるような資料を作成できますか。彼らもアメリカの連中と共同でプロジェクトを進めています。方法論についてはアメリカ方式で相当細かいところまで検討しているのではないでしょうか。それに彼らにとっては中国語で進むプロジェクトですから我々とは違ってオーバーヘッドが相当少ないはずです。そうしたことも考えて慎重に検討しないと彼らは相手にしてくれません」

「専務、分かっております。ぜひもう一度、挑戦させてください」

佐々木は言った。だが三森が「もう遅いので」と言い、苑田も「そうだな」と答え、一同はバーを後にした。それでも時刻は22時半を少し回ったところだったので、部屋に戻った佐々木は、7月7日の入札資料の最終調整までの仕事の進め方と蘇総経理への再度のアプローチをどうするかに思いを巡らした。今回の会合では董事長の対応に手応えがあっただけに「いけるかもしれない」という意欲が湧いてきた。

翌朝、彼らは8時35分発の早い便で東京に帰った。この便だと、うまくすれば2時過ぎには汐留の会社に戻れる。佐々木は会社に戻ると早速、今回の顛末と今後の進め方を報告書に書き始めた。昨晩と飛行機の中の4時間で、あらかた内容を書き上げていたので午後6時過ぎには報告書を書き上げられた。

報告書は専務と事業部長のほか、香港支社副社長の森山、それから香港の案件で手を組んでいる三井商事の筒井にも送った。筒井と森山にはスカイプでも経緯を説明した。もう一度チャレンジすることについて筒井は「よくそこまで粘ったなあ」との意見をくれた。佐々木はここまで来た以上、後には引けないと意を強くした。

帰国した翌朝、佐々木は今度はメールではなく、蘇総経理に直接電話をして、一昨日の礼を述べるとともに「詳細なプロジェクトの資料を作成したので説明に行きたい」と申し出た。

「佐々木さん、それはありがたい。私共も今回のプロジェクトの資料については最終化を進めているところです。是非、進め方について内容をすり合わせたいですね。時間も迫っています。いつがいいですか？」

蘇の質問に佐々木は「７月７日に入札資料最終調整の会議が香港であるので、８日ではどうか」と言って蘇の合意を得た。約束は８日の午後４時ということになった。三森には事前に８日に北京に行くことでは合意ができていた。

入札資料は目的別に３種類作った

７月７日、入札資料の最終調整に苑田専務は参加ができず、三森と佐々木が出席した。かねてからの打ち合わせ通り、北京鳳凰を参画させる案で資料が作成されていた。最近のシステムは便利で、入札資料には「外注先」としておき、北京鳳凰に見せる際には、そこを「北京鳳凰信息科技有限公司」にすぐに書き換えられる。彼らに持っていく資料の工数、入札用の工数、社内用の工数の3種類に分けて資料は作成した。

3種の資料はそれぞれ意図が違っている。北京鳳凰用は、彼らの単価を低く抑え、工数は多めにしてある。入札用はオーバーヘッド工数を正直には申請できないので、すべての工数を多めに出し、単価を高めに設定した。社内用が本音の数字である。

そのうえで北京鳳凰用では、提案の8億香港ドル（約124億円）のリスク見込み分を除いた7億香港ドル（約108億円）の半分となる3億5000万香港ドル（約54億円）を北京鳳凰が担当する提案書になるように作成した。入札用には、そのリスク分は見込んでいない。

佐々木と三森は今回も同じ便で香港に向かった。このときも、たまたま着いた日が日曜日だった。夕食は2人で取った。森山は家族があるので誘わなかった。2人とも「たまには食べたいところで食べよう」ということで、広東ロードにあるマルコポーロホテルの「夜上海」に出向いた。宿泊先も今回は同じカオルーンホテルだったので、レストランまでは歩いてもすぐだった。

夜上海はミシュランの二つ星の店で、さすがにうまかった。上海蟹の季節ではなかったため蟹は食べられなかったが、高級感のある料理だった。2人は翌日の入札資料最終会議の話よりも、ここの料理に堪能してしまった。

入札資料最終会議の前日とは言え、だいぶ先が見えてきたので、昨今の政治談議にも花が開いた。色々な雑談の中で、米コネチカット州ニューイングランドにあるクィニピアック大学が実施したアンケートの結果についての話題が一番盛り上がった。オバマ氏が戦後最悪の大統領としたのが33％、ブッシュが28％だったという結果をCNNがニュースで報じていた。

ほかにも、2014年3月にプーチンがクリミアをロシアに編入したり、シリアでの反体制派への支援が裏目に出て、イスラム国を支援してしまったり、中国が石油掘削活動を続ける南シナ海・西沙諸島近海でのベトナムとの衝突に対しアメリカが積極的でなかったりなどなど、２人の話題は尽きなかった。

佐々木は明日の報告会についてはあまり心配していなかった。内容は既に三森には報告済みだからだ。それよりも明後日の北京鳳凰との打ち合わせをどう進めるかに関心が移っていた。入札日が７月15日だから、あと一週間しかない。ここで交渉がうまくいかなかったら、競合入札になり負けてしまう。蘇総経理は悪い人ではないので、負けても、それなりの処遇はしてくれいるだろう。だが郭海外事業部長が、どう対応するか見当がつかない。

予定通り７日の入札資料の最終調整会議は、つつがなく終了した。いよいよ北京鳳凰と４度目の交渉の場を迎える。先方とのアポは前回と同じく午後４時なので、飛行機は前回乗り遅れた10時半のフライトにした。到着が２時だから十分間に合う。今回は寝坊しないように、しっかりと目覚ましをセットした。

【解説】

今回のポイントは、入札資料を北京鳳凰用と入札用、社内用に３種類作成したことだ。それぞれに用途が異なるため、単価と工数を変えている。日本企業は、こうした資料をあまり作らないが、アジアではよく作成されている。

例えばオーナー企業において特に顕著なのは財務諸表の作成だ。税務署用、従業員向け、オーナー用と３種類の資料を作成する。もちろん、それぞれの目的が異なる。税務署用は税金を払わないように、社員用は営業外損益などの収入を公開しないようにしている。オーナー用は本当の数字を記入する。

そうした実状から、彼らが外部資本を受け入れたいという時に、実際の数字をどう把握するのか難しいという問題が発生することが多い。オーナーが本当の数字を公開したがらないからだ。税務署用とか社内用の数字では、その企業の実態は把握できない。かといってオーナーは漏れることを恐れて、本当の資料を公開したがらない。

遠慮ない質問に真摯に答え信頼を得る

入札資料の最終調整会議の翌朝、佐々木は三森とホテルのロビーで待ち合わせ、一緒にタクシーで飛行場に向かった。香港から北京への飛行機は定刻に着いた。彼らはもう北京に慣れていた。今回はホテルにチェックインせず直接、北京鳳凰を訪問することにした。

北京鳳凰がある中関村南大街の中電信息大厦には午後3時前に着いてしまった。中関村の街を少し歩きまわったが、それでも北京鳳凰には3時半に到着した。いつもの会議室に通され、しばらく蘇総経理を待った。今回もコーヒーを出してくれた。ここのコーヒーは日本で飲むのと同じレベルで、ありがたかった。

最近の中国では、こうした些細なことではあるが、様々なところで変化が起きていることを佐々木は実感していた。しばらくすると蘇総経理が、いつものように邱副総経理と郭海外事業部長を連れだって会議室に入って来てた。蘇総経理が挨拶をした。

「やあみなさん、お元気ですか。北京もこの２週間でだいぶ暖かくなりました。ただ最近は冬の暖房がなくなっても空気は酷いものです。我々はここに住んでいて慣れているとはいえ、やっぱり気分は良くないですね。

車の排気ガスが原因の１つです。これまでは中国石油天然気集団公司が石油の利権を支配していたのですが、最近、習近平主席の『ハエもトラも叩く』という腐敗撲滅運動で、この企業のトップが入れ替わり改革が進んできています。ですので、ガソリンからのＳＯｘ排出も改善されるでしょう。日本からも東京都がだいぶ協力してくれていますので、北京の空気も良くなる方向になっていくでしょう」

いつものように陽気な彼は日本人の２人に向かって挨拶をした。

「そうですね。日中の政治問題も、そろそろ解決の動きに向かっていくでしょうから、早く解決してほしいですね。そうすれば我々も、日中のビジネスをもっと本格的に進められます。現在は日本企業の本社側が、ここ中国に対する投資には慎重になり好機を逃していて残念です。

ところで本日は、御社に詳細な提案書を持って参りました。是非とも忌憚のないご意見をお聞かせ下さい。よろしくお願いいたします」

三森が挨拶を返すと、佐々木が持参した資料を３人に配布し、説明を始めた。資料は30ページあり、最初のページにはＡ３版の全体図を入れて分かりやすく作成してあった。

「それでは説明を始めます。１枚目のＡ３版の見開きを広げてください。現状分析・設計・製造フェーズとテストフェーズの全体像が書いてあります。その中で青い部分は御社が担当し、薄緑の分は弊社が担当するように色を塗り分けています。かっこ書きは積み上げた工数と金額の合計です。2ページ目が組織図、3ページ目が全体スケジュールです。それでは、この資料に沿って進めてまいります」

佐々木が説明し、ページをめくる都度、北京鳳凰のメンバーから数多くの質問があった。中国人は日本人と違って欧米人に近い。「総括責任者と全体PM（プロジェクトマネジャー）では役割がどう違うのか」「指示命令系統の明確化と作業項目の明確化はどう違うのか」など、数え切れない質問があった。午後4時に始まった会議は午後6時になっても終わりそうになかった。

優れているのは容易に勝てる相手に勝つ者

それらの質問に佐々木は丁寧に答えていった。こうして彼らに一所懸命になっているのは、用意周到の準備が最後の詰めには最も大事であることを理解しているからである。すなわち、孫子の兵法の軍形篇にある一片を念頭に、佐々木は話を進めていた。

「勝を見ること、衆人の知る所に過ぎざるは、善の善なる者に非《あらざ》るなり。戦い勝ちて、天下善なりと曰うは、善の善なる者に非るなり。故に、秋毫《しゅうごう》を挙ぐるも多力と為さず、日月を見るも明目と為さず、雷霆《らいてい》を聞くも聡耳《そうじ》と為さず。古の所謂善く戦う者は、勝ち易きに勝つ者なり。是の故に、勝兵は先ず勝ちて而る後に戦いを求め、敗兵は先ず戦いて而る後に勝を求む」

意味は次の通りである。

「勝利の見立てが普通の人間にも分かる程度のことであれば、最高に優れているとは言えない。戦いに勝利して、それを天下の広く一般の人から褒め称えられるようでは、最高に優れているとは言えない。それはあたかも、細い毛を持ち上げたからと言って力持ちとは言えず、太陽や月が見えたからと言って目が良いとは言えず、雷鳴が聞こえたからと言って聴力が優れているとは言えないのと同じことである。古くから兵法家が考える優れた者とは、容易に勝てる相手に勝つ者である。勝利を収める軍は、まず勝利を確定しておいてから、その勝利を実現しようと戦闘に入るが、敗北する軍は、先に戦闘を開始してから、その後で勝利を追い求めるのである」

要するに、このプロジェクトを勝つべくして勝てるようなシナリオに佐々木は持って行こうとしている。

「みなさん、今日も董事長を夕食に呼んでいますので、あと30分で終わらせてください」

そう言って蘇は席を外した。佐々木は、まだ残り10ページもあるので「あと30分では終わりそうにはないな」と思いながらも説明を続けた。邱と郭は、明らかに前回とは違って我々に対して近寄ってくる様子を佐々木は感じ、「これはいけるぞ」と内心思っていた。その30分はあっという間に過ぎて、45分も過ぎたころに蘇が会議室に戻ってきた。

「さあ、食事の時間です。今日は鍋料理の『新辣道』にしました。日本の鍋とはだいぶ趣が違いますが、行きましょう」

全員が、そこで会議を中断し、蘇に従って店に向かった。蘇は、この店が農村出身の出稼ぎ労働者を実習や業務に受け入れるなどの奉仕活動をしていることを認め、かねてからよく利用している。

彼らは一緒に店に着いたが、先ほどの会議での説明で、邱も郭も日本人の2人に対し、前回とは違った態度を見せるようになっていた。店では前回同様に董事長が待っていた。董事長に、それぞれが挨拶をすませると郭が注文し、料理が直ぐに出てきた。しばらくして董事長が口を開いた。

「先日は失礼しました。どうしても外せない約束があり席を中座してしまいました。以前、中国科学院軟件研究所の研究員をしていましたので、政府の方々との付き合いが未だにあります。前回の佐々木さんのお話には感服しました。今回も私どもに色々と香港のプロジェクトについて、ご教示いただいているとのこと感謝申し上げます。

先ほど愚息である総経理から、みなさんから頂いた詳細な資料のことを聞きました。さすがに日本の方々は多々ご苦労をされているだけあって、それぞれの項目について造詣が深いようですね。是非、私共に色んなことを教えてください」

謙虚に語る董事長の言葉は、蘇総経理が通訳していた。

「とんでもございません。御社にも弊社にも、それぞれに得意なところがございます。お互いが助け合っていけば良いのではないでしょうか」

三森は駆け引きではなく、そう答えた。

【解説】

今回のポイントは、佐々木が邱と郭に絶対的な信頼を抱いてもらおうとして、彼の準備してきた資料を丁寧に説明していることである。孫子の兵法の軍形篇の後段に「勝兵は先ず勝ちて而る後に戦いを求め」という言葉がある。すなわち「勝利を収める軍は、まず勝利を確定しておいてから、その勝利を実現しようと戦闘に入る」という意味だ。北京鳳凰からの信頼をどう得るかが今回の勝敗の決め手だということを佐々木はこの軍形篇から理解していた。

「日本人と組めば、このプロジェクトは絶対に成功する」という印象を北京鳳凰の人たちに与えるのが佐々木の狙いだ。日本人は「ともかくやってみよう」とか「その場になってみないと分からない」といった対応をしがちだ。だが佐々木は、山下塾での孫子の教えを忠実に守って対応している。

競合相手の創業者がプロジェクトの裏側を話し出す

鍋ができあがると、しばらくは全員が食べることに集中した。北京鳳凰の副総経理である邱が佐々木に問いかけた。

「今日はありがとうございました。これまで今日のような質問に答えてくれる人がいませんでしたので、いくつも目から鱗が取れました。御社と是非、一緒に仕事をしたいですね」

「それはどうもありがとうございます。私たちも今回のプロジェクトでは是非ご一緒に仕事をしたいと考えています。ですので今日、こうして資料を一生懸命作ってきました」

佐々木が答えた。そうしたやり取りをしているうちに、そろそろお開きになろうとしたころ、董事長がゆっくりと話し出した。

「前回の佐々木さんのお話にも感激しましたが、今回の皆様の弊社を思ってくださる熱意にも感激しました。皆さんの私共に対する対応は、これこそ私が信奉している『五常』そのものです。仁・義・礼・智・信を実践している中国人は多くありません。この五常があるからこそ、父子、君臣、夫婦、長幼、朋友の五倫の道が全うできるのです。先日佐々木さんが、この五常と五倫を説明され、我々との関係も、そのようになりたいと言われました。
過日もお話ししましたように、日本にも戦前は教育勅語があり、日本人も五常と五倫を唱っていました。それが戦後なくなってしまったので、日本人にはもう徳育がなされていないのだろうと思っていました。それが今回、みなさんの対応は『仁』と『義』をわきまえておられたので、びっくりしました。これまで日本人は信用できないと思っていましたが、信用できる人もいるのだということが今回、初めて分かりました。
それで、息子とも相談しましたが、あなた方を信用することにしました。ですので本当のことをお話ししましょう」
董事長が言う〝本当のこと〟の前に、五倫と教育勅語について少し説明しよう。
中国の戦国時代にあって孟子は、秩序ある社会を作っていくためには、何よりも親や年長者に対する親愛・敬愛を忘れないことが肝要であることを説き、そのような心を「孝悌」と名づけた。その「孝悌」を基軸に、道徳的法則として、以下の「五倫」の徳の実践が重要であることを主張した。
父子の親＝父と子の間は親愛の情で結ばれなくてはならない
君臣の義＝君主と臣下は互いに慈しみの心で結ばれなくてはならない
夫婦の別＝夫には夫の役割、妻には妻の役割があり、それぞれ異なる
長幼の序＝年少者は年長者を敬い、従わなければならない
朋友の信＝友は互いに信頼の情で結ばれなくてはならない
孟子は、これら五徳を守ることで社会の平穏が保たれるのであり、これら秩序を保つ人倫を

しっかり教えられない人間は禽獣に等しい存在であるとした。

かつて日本にも五倫と同じ教育がなされていた

日本には『教育勅語』というものがかつてあり、この五倫を訓諭していた。これは、明治天皇が山縣有朋内閣総理大臣と芳川顕正文部大臣に対し、教育に関して与えた勅語である。12の徳目を挙げ、戦前まで日本人は学校で唱和していた。

父母ニ孝ニ　（親に孝養を尽くしましょう）
兄弟ニ友ニ　（兄弟・姉妹は仲良くしましょう）
夫婦相和シ　（夫婦は互いに分を守り仲睦まじくしましょう）
朋友相信シ　（友だちは互いに信じ合いましょう）
恭儉己レヲ持シ　（自分の言動を慎みましょう）
博愛衆ニ及ホシ　（広く、すべての人に慈愛の手を差し伸べましょう）
學ヲ修メ業ヲ習ヒ　（勉学に励み職業を身につけましょう）
以テ智能ヲ啓發シ　（知識を養い才能を伸ばしましょう）
德器ヲ成就シ　（人格の向上に努めましょう）
進テ公益ヲ廣メ世務ヲ開キ　（広く世の人々や社会のためになる仕事に励みましょう）
常ニ國憲ヲ重シ國法ニ遵ヒ　（法律や規則を守り社会の秩序に従いましょう）
一旦緩急アレハ義勇公ニ奉シ以テ天壤無窮ノ皇運ヲ扶翼スヘシ　（国に危機があれば自発的に国のため力を尽くし、それにより永遠の皇国を支えましょう）

教育勅語は、まさしくここでいう「五倫」を説いている。だが戦後はＧＨＱによって廃止され、道徳教育は形骸化していった。中国には文化大革命があったが、儒教の精神はいまだに健在で、親に対しての孝養は絶対である。翻って残念なことに日本は戦後こうした「五倫」はなくなってしまった。

董事長の〝本当のこと〟に話を戻そう。

彼が言うには、今回の入札には裏があり、ほぼ同規模の別のプロジェクトが予定されている。別プロジェクトについては香港政府と話がついており、入札期間を極端に短く操作しようとしている。競合他社が入札できないようにするためだ。だから今回の入札は価格を極端に安くし、その次のプロジェクトで挽回すればいいと考えていた。だが佐々木の話を聞き「信用できる」と思ったので、本当の話をしているという。董事長は話を続けた。

「佐々木さん、日本にも戦前は教育勅語なるものがあって、中国の儒教の教えと同じことを日本の国民は信奉していました。しかし先ほども申し上げましたように、今の日本人は、そうしたことを勉強していないと思っていました。

中国には『中国の精神』があります。文化大革命で物が破壊されましたが、精神までは破壊できませんでした。日本にも『日本の精神』があったはずです。ところが最近の日本人には、そうした気概が見当たらないのは残念なことです。今回、久しぶりに佐々木さんのような考えをお持ちの方にお会いできて嬉しく思います。

久しぶりというのは、実は私は30年前、大連に住んでいました。当時、大連に近接して旅順の軍港がありました。そこに日本の元軍人さんたちがたくさん来て、現地の解放軍と交流しました。

彼らは元大連市の瓦房店にあった旅団の将校だったようです。旅団長はもう亡くなられていて、副旅団長と20人ぐらいの元将校がきました。旅順港には日本人は入れないのですが、彼らは招待されていました。

大連市内に大連賓館というホテルがあります。そこに彼らは泊まりました。昔、日本の直轄市だった頃は大和ホテルと呼ばれていたところです。彼らは旅順の元旅団のあった場所で、村おこしのために蕎麦を植えようと、４日間の予定で滞在していたのです。

私は、彼らと解放軍との歓迎会に同席する機会を得、そこで出会った彼らは皆、日本の精神を持った立派な方々でした。みなさん平服でしたが、応対の仕方は軍服を着ているのと同じ姿勢でした。敬礼こそしませんでしたが、背筋をピンと伸ばした物腰は軍人そのもので威厳がありました。

勿論、私は戦後生まれなので、戦前の日本軍は知りません。ですが、彼らからは、そうした威厳と迫力が感じられました。解放軍の将校も彼らに敬意を払っていました」

彼は昔の話をひとしきりしたが、それは佐々木の話とその物腰から彼らを思い出したからだと言った。

【解説】

ここでのポイントは、佐々木が董事長に熱弁を振るった「五常」と「五倫」だ。これは董事長が人生の指針として大事に守ってきた座右の銘であり、佐々木の発言に董事長が感銘を受けたのはそのためだった。彼は日本のことも良く勉強していて、戦前は教育勅語があり日本でも徳育教育を行っていたが、戦後はなくなってしまったということを知っていた。

董事長が言うように今の日本人は、日本の歴史とか「日本の精神」をきちんと勉強している人がほとんどいない。そうしたことを勉強している佐々木を董事長は信用し、今回のプロジェクトの経緯を説明してくれた。董事長は彼らを全面的に信用してくれたのである。

信頼関係を元に競合相手がプロジェクトを譲る判断

蘇董事長が、かつての日本人の立ち居振る舞いについて敬意を払っていたという話を継いで、息子である蘇総経理が話し始めた。

「三森さん、佐々木さん。今回の入札の最低金額については、私どもも皆さんが想像したように8億香港ドル（約124億円）を想定していました。ですので入札金額は7億香港ドル（約108億円）にすると決めています。このまま行けば弊社が落札できるでしょう。

ただ今日まで、お話を伺ってくるなかで弊社は今後、御社と一緒に仕事をしていきたいと思うようになりました。董事長とも相談していたのですが『まずは皆さんに会ってからどうするかを決めよう』ということになりました。そして佐々木さんの話を聞き、みなさんを信用できる日本人だと判断したのです。

ですので父は、本当のことをみなさんにお話しました。今回の入札は御社に譲ることにします。弊社は、もう1つの案件に入札することにします。もちろん今回のプロジェクトにおいても、弊社ができることは是非とも協力させてください」

「そうでしたか。ありがとうございます。わざわざ北京まで来た甲斐がありました。今日の鍋料理は美味しかったですが、董事長のお話には胸を打たれました。かつては日本にも、ご尊父のような立派な人格者達がいましたが、そうした人たちの歴史を勉強している日本人は今や、ほとんどいません。私も佐々木も日中の関わりを深めていくためには、こうした歴史を改めて勉強していく必要を感じております。

もう1つ正直に申せば、中国の方々は同族・同郷意識が強いので、我々は皆さんの信頼の輪の中には決して入れないものだとばかり思っていました。それが今日、このように私共を信用していただけたということで、心から感謝いたします」

三森が答えた。蘇総経理らは、食事が終わると三森と佐々木の2人をホテルまで送ってくれた。時間はすでに10時を回っていたが、三森は佐々木をバーに誘った。ホテルのガーデンウィング1階のバーにはハウスバンドが入っていたが、落ち着いた雰囲気だった。

こういう結果になるとは思ってもいませんでした

それぞれが飲み物を頼み終えると三森が口を開いた。

「本日はご苦労様でした。今日は予想外の展開でしたね。こういう結果になるとは思ってもいませんでした。先方が譲歩してくれましたので、今回の入札はうまくいきそうです。入札の締め切りまでには、きちんとした資料を作れるよう、北京鳳凰の蘇さんとは今後、何度かあって詳細に詰めないといけません」

そう言って三森はカバンから、佐々木が作成した報告書を取り出した。報告書にはこれまでの予定が書かれていた。

「今日は7月8日ですから、入札資料の提出までには、もう1週間しかありません。資料は、ほとんどできていますので、あとは北京鳳凰側のプロジェクト責任者とやり取りする必要がありますか。ですが、これはメールと電話で対応すれば、なんとかなるでしょう」

三森が話をしているうちに、飲み物とつまみを給仕の女性が持ってきた。佐々木は注文したブラディメアリーにタバスコを振りかけながら、いつものように、このカクテルの語源を思い出していた。「Are you Mary?」という言葉には、隠語で「おまえは生理か？」という意味があり、ブラディメアリーは、この言葉の音と意味からきていると誰かから聞いたことがあったのだ。

そんなくだらないことを思っていると、三森も頼んだウィスキーのオンザロックを口に含みながら、佐々木に尋ねてきた。

「佐々木さん、あなたはどう思いますか？」

佐々木は慌てて現実の世界に戻ると、真顔で答えた。

「事業部長、確かに予想外の展開でしたが、弊社にとっては良い方向になりました。今日の話どおりなら安値攻勢はしてこないでしょう。それでも我々は、他社の入札を警戒して8億香港ドルを少し上回る額で入札したほうが良いように思います。私の計算では10億香港ドル（約１５４億円）で利益2割を想定していましたから、8億香港ドルでは赤字になってしまう可能性はあります。

昨日の入札資料最終報告会では、プログラミングの外注先をさらに検討した結果を報告しました。ですがプログラミングそのものは総コストのわずかしか占めませんので、今のままでは何か間違いでもあれば、すぐに赤字になってしまうと思います。それを回避するには、コストをさらに1割は下げないとまずいのですが、思いつく手は打ってしまっていますので、内心困ったなと思っています」

そう言うと佐々木はブラディメアリーを一口、口に含んだ。

「そうですか。赤字の可能性もあるのですね。何かそのために特別の対策を考える必要がありますね」

「先月の時点でも、北京鳳凰の安値攻勢のことは意識していましたから、私なりの候補はあります。とりあえずはプログラミングのコストダウンを検討し、一番の外注候補としてバングラデシュへの発注を考えています。ここのプログラミングコストはベトナムの半値以下で、ミャンマーより5割も安いので、検討に値すると思います。そして一番大事なことですが、私はバングラデシュで信頼できるシステム開発会社の経営者を知っています。

設計やテストの段階でもとりあえず対策を考えてありますが、まだ改善の余地があるかもしれません。その件は明日にでも北京鳳凰の邱さんに相談してみます。総合テストについては、これまでの工数の半分でできる企業を知っていますので、それはそれで対応が取れます。その会社は「コンバート」と言って、青木という社長をだいぶ前から知っています。

彼は創業以来10年間、会社に管理部門を置いていません。社員が出社しＰＣにログインした時間をタイムカードを押した時間だとして扱うのです。退社も同様で、ログアウトした時間を計っています。日々の作業の成果はノルマ制にし、出来高で計算しています。月末になると自動で集計処理し、それぞれの従業員に給与が振り込まれる仕組みを彼が作ったのです。

私はこれまで、テストの専門企業をいくつも知っていますが、彼の会社のように、管理まで自動化している会社はほかに見たことがありません。そのため費用も他社より4割は安いと思います」

【解説】

今回のポイントは、佐々木がプログラミングのコストと品質だけでなく、テストについても、アジア各国のシステム開発企業と、その経営者をきちんと調査していたことである。どこが安いかというよりも、誰に頼めば信頼できるかという視点と、どのような開発手法を導入しているかという視点から精査している。そのうえでバングラデシュを候補に挙げている。

総合テストに対しても、必ずしもアジアがベストではないということを佐々木は調べ上げている。彼は「コンバート」という日本企業を探し出していた。その特徴は、管理部門がないということだ。テストの仕組みばかりでなく管理のシステムまで経営者が構築してしまったという。そのため管理工数がかからず、アジアに依頼するよりも、この日本企業に依頼したほうがコストは4割も安くなる。そうしたことを佐々木は調査済みである。

最近は中国での開発コストも上昇してきている。スキルレベルでは、インドや香港にも日本と遜色ない所が出てきており、そうした企業のコストは日本と変わらない。

第8章　勝負の結果を社長に報告する。

香港のプロジェクトは落札できたが

　入札資料の作成過程で調べた委託先について佐々木は三森に話した。開発ではバングラデシュに、総合テストでは日本に、コスト面だけでなく信頼できる企業があった。特に総合テストを手がける「コンバート」と言う会社は、管理部門を持たないなど、社長の青木がコスト削減にも工夫を凝らしていた。

「へえ、そういうすごい企業があるのですか？今まで聞いたことがありませんでした」

「そうなんです。青木さんはコンバートを創業する前は金型製作の企業にいまして、金型製作のリードタイムを１カ月から２日間にまで縮めた男です。今でこそ３Ｄプリンティングの技術ができていますが、当時はそういったものはありませんでした」

　その彼は今、携帯電話が鳴ると電話機から〝匂い〟が出るシステムを作っています。先日、洗剤メーカーの菊王の研究所に同行して、彼の試作品を見せてもらいました。電話をかけるとイヤホンジャックに刺した球状の部分から香りが出るのです。本当、びっくりしました。アメリカでは試作品の販売を始めていますが、製品紹介の動画をYouTubeに載せたところ、アクセスが５００万回もあったそうです。彼は天才ですよ」

「へぇ、一度会ってみたいな」

　三森の言葉に、佐々木が話を続けた。

「いつでも紹介いたします。ところで問題は設計です。設計に日本人SEが対応しては、とても採算は取れないでしょう。これから一緒に仕事をする北京鳳凰についていては、香港支社の森山さんに調べてもらいました。蘇総経理が詳細設計に精通していると言っていましたが、レベルは相当に高いようです。ただ、最近の中国は物価と賃金が上がっていますので、以前ほど低コストだとは言えません。

インドも同様で、日本よりは安いですが、そんなに安いわけでありません。李嘉誠の長江実業グループの系列企業であるPCCWだとレベルは日本と変わりませんが、コストも日本と一緒です。レベルが高い企業は、それなりに高いということです」

そう言うと佐々木は、ため息をついた。

「でも、蘇さんのところに詳細設計を出して、報告書に書いてあったバングラデシュとかパキスタンとかインドを使って開発し、青木さんのところに総合テストを依頼すれば、そこで全体コストの4割を占めますから、その中で3割削減できれば全体コストを12％削減できるということですよね。そこをもっと詰めれば20％減までは行けるのではないですか？」

三森は頭で計算したことを佐々木に投げかけた。

「事業部長、その通りですが、20％下げられるという計算ができても、絶対にオーバーするところが出てきますから、経験則ではよく見て10％でしょう。下手をすると赤字です」

「なるほど。そうですね」

三森は佐々木の話に頷いた。

「佐々木さん、明日は早いので今日はこれくらいで部屋に引き上げましょうか」

「はい」と言う佐々木の返事と共に2人はバーを後にした。

1週間で詳細を詰めて落札にこぎ着ける

翌朝、2人はひどい霧の中を飛行場に向かった。飛行機が飛ばないのではないかと思うぐらいのスモッグだったが、飛行機は定刻通りに北京を飛び立った。

佐々木は日本に戻ると、入札まであと1週間しか時間がないので多忙を極めた。総合テストの、どの部分を青木の会社に依頼するのか、バングラデシュやパキスタン、インドなど見積もり先との交渉もあった。

北京鳳凰との関係は良くなったので、そこは何でも聞けそうだ。彼らと、どの部分を協業できるかをさらに詰めていかなければならない。昨日渡した検討資料についてもコメントをもらわなければならない。意図的に単価を低く抑えて出しているので何か言ってくるに違いない。10%まででなら上乗せしても良いのだが、それ以上を言ってきたら、どう交渉すればよいのかも考えないといけない。佐々木の頭はパンクしそうだった。

その一週間で佐々木は、できるだけのことをやった。だが、やはりコスト面だけはすっきりした解にはならなかった。7月15日の入札日、入札資料の提出は森山に頼んだ。

8月中旬の当局への説明も大した質問もなく終了し、9月25日には難なく落札することができた。その間に佐々木は2度、北京を訪問し、北京鳳凰側のプロジェクト責任者になった邱と仔細を打ち合わせた。

落札の報告を受けて日本ITCソリューション社長の高橋から会食の誘いが佐々木に届いた。

10月16日と日時は指定されていた、北京行きを調整して出席した。会食には苑田専務と三森事業部長の2人も呼ばれていた。場所は東京・有楽町にあるペニンシュラホテルのヘイフンテラスだった。佐々木は一度、お客さんの招待で昼食を食べたことがあり、クルミナッツが最高だったのを覚えている。料理よりも、そのナッツをお代わりして食べ過ぎたのだった。

アジアに出ても競争相手は中国企業であることは変わらない

三森事業部長と一緒にヘイフンテラスに着いたのは6時ちょっと過ぎだったが、社長はまだ来ていなかった。レストラン横の待合所でお茶を飲みながら20分ほど待っていると、社長と苑田専務が現れた。

「やあ、みなさん今回のプロジェクト落札、おめでとう。ご苦労様でした」

そう言って社長はさっさと中に入っていった。予約されていた個室に三森と佐々木も移った。みんなが席に着くと社長が言った。

「今回は香港の仕事なので、ここにしたよ。広東料理だ。ここの味は珍しく香港のペニンシュラで食べるのと同じです。以前は香港の方が安かったけれど、最近は円安と香港の物価高のせいで値段は香港の方が高くなってしまったようです。コースは頼んであります」

苑田専務が三森と佐々木の2人を慰労した。

「2人ともご苦労さまでした。香港と北京を行ったり来たりで大変でしたね。私は正直、今回のプロジェクトは相手が新興企業の北京鳳凰なので勝てないと思っていました。よくやってくれました。感謝しています」

最初の料理が出始める中、三森が応えた。

「ええ、我々も今回は中国の新興企業相手では勝てそうにないと思っていました。ご存じのように中国企業は、中国鉄道に象徴されるような安値攻勢をかけてきます。コスト割れするようなことも平気で仕掛けてきます。さらに急成長している企業は、それに見合った投資もしてきますので、低成長期にある我々の投資金額とは桁が違うようになっています。そして中国の場合は国が大きいだけに、思い切って投資をして倒産する企業が多く成功する企業がわずかでも、その数が多いので目立つのです。そんな状況下でしたが、佐々木さんが本当に頑張ってくれました。

今回は香港で中国企業と戦いましたが、これは香港だけでなく、アジアのどこの国でも同じでしょう。日本企業は中国がダメだからアジアに出ようとする企業が多いわけですが、アジアに出ても競合相手には必ずと言っていいほど中国企業が進出してきています。中国で勝負しようがアジアで勝負しようが競合相手は中国企業だということです」

【解説】

三森が社長に言っているように、日本企業が中国を避けてアジアに出て行っても、結局、競争相手は中国企業だと言える。日本企業は、中国市場においてもアジア市場においても、中国企業との争いは避けられない。

中国は人口が多いだけあって企業の数も多い。各社とも中国国内で熾烈な競争を繰り広げている。もちろん、チャレンジする企業の背後には倒産する企業もたくさんある。それだけに勝ち残った企業の成長率は、小説にある北京鳳凰のように中途半端ではない。そして彼らが今、日本をはじめとしてアジアに進出してきている。そうした企業と低成長に陥っている日本企業は戦わなければならない。

もう1つ、日本企業は大きなハンディを持っている。言葉と商慣習の壁だ。日本企業は、そのほとんどが日本市場でしか戦ってきていない。海外で販売している比率が30%を越える企業が未だに多くないことが、それを物語っている。


英語と専門性、仕事ができるの3要素は必要条件でしかない

「中国で勝負しようがアジアで勝負しようが競合相手は中国企業だということです」

事業部長の三森が高橋社長に訴えた。

「そうだな、それは分かっている。これまで我々は、そうした中国企業との戦いに負け続けてきた。最初から安値攻勢をしてくるから、そこでまず怖じ気づいてしまうのか、勝てない。顧客への攻勢も我々とは違って、様々な手口を使ってくるけれど、我々は正面から正々堂々と攻めるだけなので負けてしまうんだな。どれだけ叱咤激励しても、万事が万事そういう調子だから、ことごとくダメだった。それにしても今回、入札で勝てたのには、どんな要因があったんだろう」

社長の問いかけに対し佐々木は、孫子の兵法の謀攻篇にある5つの視点を参考に作った5項目を思い起こした。そして、これまでを振り返って思いつくままに答えた。

「第一に、どんなことをしても勝つという信念を持ちました。

第二に、ありとあらゆる手を尽くしました。

第三に、競合相手からの信頼を得るにはどうすれば良いのか腐心しました。

第四に、競合相手に誠心誠意を尽くしました。

第五に、我々と相手の文化が違うということを認識したうえで行動しました。

第六に、彼らの精神の拠り所になるものは何かを考えました。

第七に、彼らが何を考え我々をどう評価しているかを彼らの立場になって推察しました。

第八に、相手の策略と弱点を読みました。

第九に、どんなことがあっても相手に食いつきました。

第十に、相手にメリットを与えることは何かを真剣に考えました。

これら10の要因が今回の勝利につながったのではないでしょうか？」

「凄いなぁ。そうした戦術をどこで習得していたのかね？ところで、６番目の『彼らの精神の拠り所となるもの』とはどういう意味かな？」

「その精神の拠り所となるものとは、彼らの価値基準のことです。中国人がかつて拠り所にしていた『五常』すなわち『仁・義・礼・智・信』と『五倫』すなわち『父子』『君臣』『夫婦』『長幼』『朋友』に対する道徳的法則が、それです。ただ先程申し上げた10項目の戦術は事前に習得していたわけではありません。個々の場面で毎回対応した結果、これら戦術を経験できたのです」

「と言うことは、そうした戦術を編み出す下地となったものがあるということでしょう。日頃から我が社ではグローバルリーダーとして３つの要素を掲げてきました。１つは英語ができること。２つ目は専門性を磨くこと。３つ目は仕事ができることです。これら３つを体得できるよう研修プログラムには膨大なコストをかけている。結果として、3つの要素を満たす人材は社内に大勢いるわけだが、海外での勝負には勝てない。それは、なぜなのかな」

「社長、そうした3要素は私も入社当時から耳にしています。私もグローバルリーダーになりたくて当社に入社しました。3要素についても、入社時に人事から聞いておりましたので、それらを身につけようと、この10年必死になって勉強したり、仕事の上で努力したりしてきました。しかしながら、それだけではグローバルリーダーには、ほど遠いことが今回の仕事ではっきりしました」

今までのグローバルリーダーの育成方法ではグローバルリーダーにはなれない

「それはどういう意味だ？」と社長は再び、佐々木に尋ねた。

「その3要素は、グローバルリーダーになるための必要条件ではあっても十分条件ではないと思うのです。

第一に、日本人は持っている情報量がかなり狭いので、欧米人や中国人の経営者とコミュニケーションする際、会話そのものに入っていけるだけの知識を持っていません。仮にそうした情報を持っていたとしても、議論をする習慣がありません。これは、日本の新聞が日本語で書かれているからだと思います。

新聞社は、海外の情報を精査・選択し絶対に正しいものだけを日本語に翻訳して〝情報〟として流しています。世界情報について日本人は、まるで井戸の中から空を見ているようなことしか分からないのです。しかも選別された正しい情報だとして、新聞の情報を疑う習慣がないので、情報の正否を議論したりする習慣が日本人にはありません。今回も北京鳳凰の蘇総経理に、そうした日本の情報だけで会話をしていたら相手にされなかったと思います」

「なるほど。そうかもしれんなぁ」

相槌を打つ社長に、佐々木は話を続けた。

「第二に、日本人は『真面目』『正直』『勤勉』『嘘をつかない』という文化を持っています。すなわち日本人の社会では、嘘とか騙すといったことはビジネスの世界でも許されないのです。ですが海外では、そうしたことが頻繁に起こるだけに、それらを見破る能力が要求されますが、日本人のほとんどが、そうした眼識を持っていません。

ですから日本人としては尊敬されたり信頼されたりしても、仕事のパートナーとしては信頼されません。今回も北京鳳凰が、どのような陰謀詭計を持っているのかいないのかを相当、詮索しました。そうした考えの基本は、孫子の兵法と三十六計に求めました」

「確かに。思い当たる節はあるね」

「第三に、我々は人事考課で、人格とか人間性を評価されませんが、海外ではそれらが相手を信用するための最大の評価項目になっていると思います。そのため日本人は、自分が誰であるかを主張する習慣がありません。日本人とは一体どういう民族かという意味で、日本人は『日本の精神』を持つ必要があるでしょう。言い換えれば日本人としてのアイデンティティです。

これら３つが、日本企業の人材育成には欠けているのでグローバル人材が育たないのではないでしょうか。これら３つを体得できれば、おのずと『威厳』と『品格』が身についてくるのだと思います」

「なるほど。それで、そうした人材を育成するために当社では何をすれば良いのだろう」

「そのためには、まず海外の人からの信用を得られるためにグローバルなリベラルアーツの勉強をする必要があります。仕事の専門的なことばかりではなく、いわゆる一般教養の勉強が必要です。例えばオバマケアとか、タイのクーデターとか、ユーロ危機とか、ルーブルの暴落とかの話ができるようになるということです」

「そういうことだったら、日本の新聞を読んでいるだけでも十分じゃないのかね？」

【解説】

今回は佐々木が社長にグローバルリーダーの要件を説明している。北京鳳凰に勝利した10の要因を説明し、従来のグローバルリーダーのための3つの要素だけではリーダーにはなれないと言う。その理由として次の3つを挙げている。

第一に日本人は情報量がかなり狭い

第二に日本人は『真面目』『正直』『勤勉』『嘘をつかない』という文化を持っていて、嘘とか騙されることには無防備である

第三に人格とか人間性を人事考課で評価されない

そこで佐々木は社長からの「どうすれば良いのか」という質問を受けて、以下の3点を社長に提案した。

欧米の情報に基づいたリベラルアーツを勉強すること

欧米の表と裏の文化を体得するために華僑商法を勉強すること

日本の歴史とその精神を勉強すること

こうしたグローバルリーダーになるための要件は、これまで日本企業が何十年も努力してきたが、その目的を果たしていない。その理由は、今までの要件定義が間違えていたからに他ならない。英語ができ、専門職能も持ち、仕事ができるだけでは、グローバルリーダーの人材にはなれないのである。今回、佐々木が社長に提案したようなことが今後、グローバルを目指す企業における人材育成に求められる。

香港での案件受注が社内の人材育成策の見直しにつながる

「グローバルなリベラルアーツ、つまり一般教養の勉強であれば、日本の新聞を読んでいるだけでも十分じゃないのかね？」

「ダメです。日本の新聞の内容であれば、彼らとの会話は５分と持たないでしょう。例えば日本の報道は、ロシアのプーチンについては、彼に対して欧米が批判しているぐらいのことしか報道していません。欧米の新聞は、報道する情報の範囲と判断の幅がかなり広いので、読者も常日頃から判断しながら読む習慣がついています。

先のプーチンのことを知ろうとすれば、欧米の新聞は西側の意見だけのため、『なぜプーチンがロシアの国民から80％も支持されているのか』が理解できません。東側の動きを読むには東側の情報を得る必要があるのです。ロシアには『バルダイクラブ』というダボス会議の東側版がありますが、そこでプーチンが何を言っているのかを理解できれば、ロシア国民がなぜ彼を支持しているのかが分かります。それぞれの立場にたった情報を分析しないと世界の状況は理解できないと思います」

「プーチンか。確かに日本の新聞だけでは、彼が親日なことと、ウクライナ侵攻でアメリカの経済制裁を受けていることぐらいしか分からないでしょうね。私は英国のエコノミスト紙には必ず目を通しているから、佐々木さんが言っていることはよく分かるよ」

社長の賛同に気をよくした佐々木は話を続けた。

「先ほど日本人が正直だという文化の話をしましたが、欧米とか中国では、ものごとには裏があると考えています。彼らは表と裏の文化を持っているのです。これが日本人には理解できません。欧米人とか中国人が日本人をビジネスパートナーとして信頼しない理由がそこにあると考えています。

海外の〝表と裏〟を学ぶための手段が華僑商法

彼らの表と裏を学ぶための手段が華僑商法です。華僑商法は孫子の兵法に代表されますが、中国人のビジネスの仕方です。元々は戦争の策略ですが、今の中国人はビジネスの戦術として勉強しています。これを勉強することでビジネスの表と裏が分かるようになるはずです。インドにもユダヤにも、レバノンやシリアにも彼らの商法がありますが、日本人と中国人の文化は近いので、孫子の兵法が一番理解しやすいと思います」

「孫子の兵法か。最近、巷では関心が高いようだね。孫子については当社でも勉強したらいいとは思っていたよ」

「最後ですが、先ほど日本人は個性とか人格を人事考課では重視していないと申し上げました。ですが、それ以上に今の日本人はアイデンティティを持っていません。我々は日本の歴史と歴史上の人物をもっと勉強し、日本人とは一体誰なのかということを知る必要があります。慰安婦問題一つを取っても、答えられる日本人は極めて少ないでしょう。ですから『日本の精神』というものを勉強しなければなりません。それは歴史から学べます」

「なるほど。佐々木さんが言うように、日本人はアイデンティティを持っていない人が多いな。これも戦後の教育のせいだろう。近代史を勉強している人がほとんどいないから、中国や韓国からの戦争の謝罪要求も勉強していない。政治家でも答えられないのが現状だろう」

社長はそう言うと、苑田専務に指示を出した。

「苑田さん、今、佐々木君が言ったことを社内でも早急に検討してくれないか」

その頃には料理もほぼ終わり時刻は8時を回っていた。

センシティブな話題を禁止しては本末転倒だ

「みなさん。今日はありがとう。勉強までさせてもらったよ。我が社にグローバルリーダーがなぜ出てこないのかがよく分かった。そういえば当社のグローバル会議でも海外から来た人たちと最近話題になっている慰安婦の話をしているのを聞いたことがないな。なぜでしょうか、苑田さん」

「そういうセンシティブな話は禁止しています。日本語でもうまく説明できないのに下手な英語で説明したら、海外から来た人たちに誤解されるだけですので」

「それじゃあ、本末転倒でしょう。ますます彼らは日本人を信用しなくなる。それはまずい。確かに、拙い英語で慰安婦とか南京大虐殺の話を海外の代表と意見を交わしたら誤解されそうではある。ましてや、中国人は小学生のころから、そうした反日教育を受けているのだから、刷り込まれた考えを変えることは容易ではない。そうしたことを英語できちんと説明できる日本人は全く、いないのだろうか？」

社長の質問に、すかさず佐々木が答えた。

「社長、私は1年前から山下塾という私塾に毎週土曜日通っています。そこの木元塾頭なら、そうした話を英語でできます」

「そうですか。一度紹介してください」

「社長は以前にお会いされてるはずですが」

「そうでしたか、それは失礼した。いずれにしても、一度アレンジしてください」

「承知しました」

そう言って社長は帰り、苑田専務も帰って行った。三森事業部長だけが残った。

「佐々木さん、なかなか良いこと言いましたね。軽く一杯、行きましょう」

「事業部長、ありがとうございます。それでは飲み屋は私に任せてください。泰明小学校の向かいの路地に『百楽門』という小さな飲み屋があります。狭いところですが、それでも銀座五丁目ですから」

そう言って佐々木は先に通りに出た。ここからは歩いても10分とかからない距離だった。彼らは、北京鳳凰信息科技有限公司と一緒に始まるプロジェクトの嵐の前の静かな夜の一時を過ごした。

「百楽門」は賑やかな表通りから狭い路地に入った古いビルの地下一階にあった。佐々木がドアを開けると、狭いが明るいバーであった。そこのママの高田由貴とは、もう何年も知り合いだった。香港支社の副社長になった森山が東京にいた時は週に2回は飲みにきていた。汐留の本社から歩いて5分ぐらいだったから、来ることは苦にならなかった。

「あらまあ、佐々木さん。久しぶりですわ」

高田由貴が佐々木に声をかけた。彼女が、この店を初めてもう5年になる。5年前に夫を癌で失っている。女の子が一人いて、もう小学6年生になる。夫が亡くなる前は普通の主婦だったが、母子家庭になってしまい、生活のためにここに店を借りた。銀座には珍しく家賃が月20万円だった。ビルが古く、天井の一部から水が漏れてくるが家賃が安いので仕方ない。

彼女は30代後半だが、若造りなので、よく20代に間違えられる。容姿は相当な美人で、客が結構付いている。佐々木と由貴は、この店以外で会ったことはない。食事に誘う機会は幾度もあったが、佐々木は大学院の勉強と、最近は山下塾に忙しくて付き合う余裕がなかった。そもそも佐々木は、そうした女性との付き合いは、あまり得意ではなかった。

【解説】

佐々木はかねてから、社長にグローバルリーダーになるための要件を話す機会を探していた。ようやく実現し、山下塾のことも話せた。ここでは佐々木は触れていないが、日本には明治維新前までは山下塾のような私塾がたくさんあった。もちろん、中国にもたくさんあった。そうした塾は卒業するということがない生涯学習の場だった。そうした場が明治維新になり、西欧の教育システムを導入すると同時にほとんど消えてしまった。

こうした私塾は日々の活動において、その問題とか課題を討議研磨する場であった。山下塾も、様々な企業のグローバルリーダーが集まって、そうしたグローバルなリベラルアーツを中心に議論することによって、彼らのレベルを維持すると同時に日々の課題を解決する場であった。

佐々木のように、色々なビジネスにおける課題を解決したり意見を交換したりする場が、日本からもアジアからも姿を消している。特に日本では、海外の情報に疎いだけに、そうした情報交換の場は貴重だった。山下塾のように、情報を交換しリベラルアーツを学べる場が今の日本には必要である。

〝卒業〟の概念がない塾こそが重要

銀座五丁目の路地裏にある「百楽門」はいつも満員だが、佐々木と三森が訪ねたその日は、ちょうど隅の2席が空いていた。

「やあ、ママさん。久しぶり。今日は上司を連れてきたよ。紹介します。三森事業部長です」

「三森さん。初めまして。由貴です。よろしくお願いします」

ママの高田由貴は、いつものように愛嬌のある笑顔で三森に挨拶した。

「こちらこそ。それにしてもママさんは、えらく美人だね」

確かに、三森が言う通りだった。いつもなら彼女目当ての客が一杯で、なかなか店には入れない。今日は運よく空いていた。２人は適当につまみと飲み物を注文し、隅の席にくつろいだ。この店にはカラオケがないので、話をするにはいい場所だった。佐々木が三森に言った。

「今日は社長にグローバルリーダーの要件を話しましたが、部長はどうお考えですか？」

「佐々木さんの言う通りですね。我が社はいよいよアジアに出ていかざるを得ない状況にあるけれど、あなたのような人材がいないことに最近気がつきました。企業買収とか海外への投資は散々やってきていますが、人材に対しては無頓着だった。社長はアメリカの大学院を出ているし欧米との関係も持ってはいるが、会社の中は全くの日本企業です。

　私も佐々木さんが通っている山下塾の木元塾頭とは何度か会食していますので、彼が訴えている内容はよく知っています。しかし、我が社の役員や人事部には英語ができる人がいないから、山下塾での人材育成のポイントは分からないでしょう。

まずは山下塾の支部を社内に立ち上げたい

　なので私が社長と相談し、社内で幾人かを選定して山下塾の支部を作ろうと思っています。山下塾に直接送り込めれば良いのですが、山下塾での英語のレベルについていける人材が現状ではほとんどいません。まずは支部を作って、そこで教育をしたらどうかと思います。支部の中でレベルが上がってきた人材を山下塾に送ったらどうでしょう。とりあえずは、そうしたレベルの人材を20人ぐらい集めて、社内でグローバルリーダーの研修を実施したいですね」

　三森は佐々木に彼の考えを述べた。

「そうですね。私も全面的に三森事業部長のお考えに賛成です。是非、協力させてください。香港のプロジェクトが始まると私も日本にいないことが多くなりますが、研修にはスカイプで参加します。プログラムの中身は山下塾の木元塾頭と相談して考えましょう。彼のところにはリベラルアーツの科目が50セッションもありますから、幾つかを選べば年間プログラムが作れます。孫子の兵法とか日本の精神についても、そのプログラムに織り込みたいですね。

山下塾の支部のように運営するのも良いと思います。部課長は時間の融通がなかなか利かないと思うのですが、平日の夜に山下塾に通うとすれば2時間ぐらいしか時間が取れません。支部として社内で運営すれば、昼間にしっかり勉強できますね。月2回ぐらいを考えたらどうでしょうか。大学院でしたら卒業ということがありますが、継続した経営幹部育成の場と考えれば良いと思います。そのうえで毎年、山下塾に行けるレベルの人材を選別して山下塾に送り込むわけですね」

「それです。では、まずは私と経営企画部の布施部長の2人で、山下塾に出て様子を見てみましょう。木元塾頭には私から電話してみます」

その後も2人は、山下塾の支部作りについて「百楽門」で議論した。ママの由貴は、いつものことながら、佐々木の真面目な性格には呆れていた。彼らは10時過ぎまで、酒の肴にグローバルリーダーの夢を語り合って帰って行った。

数日後、三森は山下塾の塾頭である木元に電話を入れた。

「木元さん、うちの佐々木がいつもお世話になっています。山下塾の件は常々、佐々木から伺っております。今般、社長がグローバル人材の育成を推進するという話がありまして是非、山下塾のお力をお借りしたいと考えています。本来であれば直接、山下塾に人材を送り込みたいのですが、今の弊社には、そうしたレベルの人材がほとんどいません。そこで、まずは社内に山下塾の支部を作って研鑽したいと思っています。ついては一度、山下塾にお邪魔したいのですが。いかがでしょうか」

「三森さん、是非お訪ねください。私はいつでも良いですが、今週土曜の午前はイランの『ロハーニ』を勉強することになっています。午後は『中国の汚職と腐敗』です。朝９時15分から夕方５時までです。そのあとは７時まで反省会を行っています」

三森は、その週の土曜日に山下塾を訪問する約束をした。

グローバルリーダーになった後も塾は必要である

山下塾には現在、15人の塾生がいる。一昨年の開塾時は全６日間の研修を日本語で行う組織だった。何回か、そうした研修をしているうちに、卒業した塾生が、そのまま継続して塾に参加するようになった。さらに半年もすると、塾生からグローバルリーダーの育成であれば、英語でするべきではないかとの提案があった。ただ木元は、英語で行うことに躊躇した。というのは英語で講義できる講師が見つかるだろうかという点と、塾生が英語についてこられるかどうかという点を懸念したからだ。

木元の夢は、自分自身が英語でグローバルの政治や経済、外交、軍事を勉強することと、華僑商法と日本の精神を勉強することだった。そうすることによって、自分自身のグローバルリーダーとしての研鑽をしたいという欲求があった。もちろん、そうした学校とか私塾とかがあれば、それに参加すれば良いのだが、もう何年もそうした場を探してきたが、日本にもアジアにも見当たらなかった。

そこで、自分自身が受講できれば良いという考えで、英語による塾の開催に踏み切った。英語の講師は育成すればいい。塾生は、これまでの日本語の塾に参加してきたものが参加すればいい。そう思って半年悩んだ挙句、山下塾を英語で行うことにした。ただ、しばらくは新しい講義内容を作るために、講師には2週間のうち半日だけ日本語で作った新しい材料を講義してもらうことにした。

そうして1年が経ち、塾生も15人に増えた。木元自身、塾を立ち上げた時には気がつかなかったが「このように学ぶということには卒業ということはない」と思うようになった。明治維新以前には、こうした私塾がたくさんあったようだ。そこではやはり卒業という考えはなかった。木元はグローバルリーダーの育成のつもりで立ち上げたが、グローバルリーダーになった後も、こうした塾が必要なことが分かった。

明治維新では日本では優秀な人材が数多く輩出された。それは、こうした私塾によるものではないだろうかと木元は思っている。日露戦争の頃までは、そうした人材が残っていたからだ。その後、西洋の教育システムで学習した人たちだけになり、一生研鑽するという私塾がなくなってしまった。そのため、威厳と気迫のある人材がだんだん少なくなってしまったのではないだろうかと考えるようになっていた。

【解説】

今回は、山下塾が出来た経緯が説明されている。木元塾頭自身、山下塾を開設した時には全く気づいていなかったが、日本の精神は江戸時代の私塾で培われていたのではないかということだ。そうした人材が日露戦争の頃まで健在だった。だからこそ当時の人材は精神の筋が通っていたのではないだろうかと自問している。

確かに明治になって、人材教育は西洋から輸入した教育システムになってしまい、一定の年数で卒業してしまう。徳育教育は残っていても、成人してしまうと、そうした教育を行う機関はない。

木元は日本の精神はＧＨＱが近代史の教育を止めさせたことに起因しているのではないかと考えていた。だが、それだけではなく、日本人のアイデンティティは明治維新とともに徐々に崩壊していったのではないだろうか。そして戦後、アイデンティティが一挙に喪失していったのは事実のようである。我々は改めて塾の重要性に気づく必要がある。

日本人の精神を復活させる人材育成の〝場〟を作れ

日本人のアイデンティティが失われたのは、大東亜戦争が終わりＧＨＱが教育勅語をはじめとした徳育教育を廃止したためではないかと、木元塾長も以前は考えていた。だが、決してそれだけではない。明治維新を境に私塾がなくなってしまい、生涯教育がなくなったが故に、人間の生き様としての「尊厳」とか「品格」の下地としての素養が劣化してしまったのではないだろうか。

大学における一般教養も本来そういう人格形成の目的であったはずだ。それが、仕組みとか制度といった形だけは残っているものの、その精神が劣化してしまっている。官製であればなおさらである。ある国際大学は博士号を持っていないと教壇には立てないとしているが、馬鹿馬鹿しい限りだ。学者だけが若者に教育できるという考えは間違っている。教養学部では教養のある人が教えるべきで、必ずしも学者が適任とは限らない。

木元は、日本人教育のあり方を今一度、自ら作り直そうとして山下塾を運営している。彼は山下塾の支塾を増やすことで、グローバルリーダーの育成と、その維持のために尽力しようと考えていた。そこに日本ITCソリューションの三森事業部長から、同社内に支部を作りたいという話が持ち込まれたのである。

三森が木元塾長に電話した、その週の土曜日、三森は日本ITCソリューションの経営企画部部長である布施を伴って山下塾に参加した。木元が2人に挨拶し、講師のエドを紹介した。エドは2人に午前中に行うイランの講義について、その概要を説明すると直ぐに講義に入った。

講義ではまず、宿題の『The ISIS Crisis, Iran's Policy Toward Iraq & Syria, and the Iranian-Saudi Rivalry』のYouTube動画を再生した。全体で1時間ある動画をエドは10分刻みに区切り、その内容を丁寧に塾生に説明した。いつもはエドと木元塾頭との会話が8割を占める。要するに、講義をしているのはエドだが、木元塾頭も共同で講義するような形式になっている。もともと木元自身が自分で受講したくて立ち上げた背景があるのだから自分自身でも講義はできるのだが、あえて自身では行わず、塾生には講師とディスカッションする形で指導している。

こうした指導の仕方は、一般の学校ではない。リベラルアーツの知識を議論することで塾生は知識の理解を深められる。もともと日本人は議論をしない。講師と木元が丁々発止する中で、塾生が割り込んでくる。英語を学ぶのではなく、英語で学ぶのだ。そこでは議論の背景が分かっていないと全くついていけない。塾生は今回のテーマであるＩＳＩＳとかイラクやシリアに対するイランの政策、イランとサウジアラビアの関係について、事前に勉強してこなければならない。

英語での講義には英語力よりも情報とか知識が大切だ

しかしながら見方を変えると、そうした背景を理解していれば、英語のレベルが高くなくても彼らの議論についてこられるようになる。不思議なことだが、情報とか知識があれば、英語力が相当のレベルでなくても、こうした会話に参加できるということだ。エドはYouTubeの宿題のほかに、塾生が講義の内容を理解しやすくなるように、事前にFacebookを通じて資料を配布している。塾生は、それも勉強してくるので今日の議論に参加できることになる。

動画を流すだけでなく、そこに登場する人物の意見に対しても、彼の考えを述べるようにしている。そうすることによって、塾生に問題意識を持たせられる。木元塾頭は、そのエドの解説に対して、反対意見とか疑問を投げかけることによって塾生の理解をさらに深めさせようとしているのである。

昼は会場近くのレストランで済ませ、大体30分後ぐらいには午後の講義が始まる。その日の午後は「中国の腐敗と汚職」がテーマで、講師は日系人のヤスが担当した。プレゼンテーションの資料は41ページもあり、午後の４時間で終了するのは難しい。次週に持ち越すことも多々ある。ヤスも講義の進め方はエドと同じだ。２人の講師は日本語が相当にできるが、日本語は一切使わないようにしている。

そんな調子で、この日の講義も午後５時に終了した。木元は講義中は三森と布施に気を配ることはなかったが、終了時に三森に質問した。

「如何でしたか」

「いやあ、勉強になりました。ですが、英語が難しかったですね」

布施も同じような感想を持っていた。彼らは場所を変えての反省会にも出席した。反省会は、その日の反省をするというよりも、丸1日の英語漬けで誰もがぐったりしているので、どちらかといえば慰労会のようになっている。会場は木元の会社の近くの中華料理屋だった。

「みなさん、今日はお疲れ様でした」と、木元がいつものように挨拶をし、午前中の講義についてコメントした。

「やっぱり、イランはロハーニではなく、最高指導者のハメネイが仕切っているようですね。イランの核開発問題が決まらないのは、そこら辺が問題なのでしょうね。経済制裁を解除してほしいということですが、ハメネイは明らかに反米ですから、そう簡単にはお互いに妥協できそうにありませんね」

慰労会とは言っても、1日議論していたので、そうした勢いが反省会にまで延長してきている。こうした内容の議論は、塾がなければ決して行われないだろう。

「ところで三森さんの感想はどうですか」。木元は改めて三森に質問した。

「今日は勉強になりました。やっぱり、グローバルリーダーになるための道は大変ですね。片手間ではできないことがよく分かりました。これまで、あちこちの研修現場を見てきましたが、山下塾は格段にレベルが高いですね。佐々木から、いつも聞いてはいましたが、ここまでレベルが高いとは正直、思ってはいませんでした。私はまだついていけませんが努力したいと思います」

三森に続いて布施も答えた。

「私も海外勤務が長いほうですが今回、このような塾に参加して日本にもこうした高いレベルの研修機関があることにびっくりしています。弊社でも是非実施したいと考えています。ただ、今日のようなやり方では社員がついていけないでしょうから、同じ内容を日本語と英語で交互に繰り返して講義したほうが良いと思いました。英語だけですと多分、理解できないでしょうから。それで平日の夜間ですと、ここまで踏み込んだ議論はできないので、やはり昼間の方がいいと思います。月２回ぐらいでしょうか。月１回ではテンションを維持できないでしょう。レベルが高くなった社員は山下塾にお預けできればと思います」

「なるほど。それは良い考えですね。私も精一杯協力します。今後とも、よろしくお願いします」

そういった木元は塾生と再び、今日の講義ネタに花を咲かせた。直ぐに７時になってしまい、「さあ、今日はこれで終わり」と言う木元の声と共に塾生たちも席を立ち解散になった。

それから１週間が経った頃、木元塾頭は三森から山下塾の支部についてのメールを受け取った。年明けの１月から20人の社員を対象に研修を始めたいので、そのプログラムを作成してほしいという依頼だった。

早速、木元は３カ月のプログラムを作成し三森に送った。一カ月に２回、３カ月間で計６回の講義と議論、そして発表をする計画だ。日本語と英語で、それぞれ半日の講義を行うように計画した。内容は日本の精神編と、華僑商法編、リベラルアーツ編の３つにアレンジしてある。１つのテーマは元々、スライドにして40～45枚の中身だが、パイロットプログラムであり時間制限もあるため、1テーマをスライド25枚に絞って説明する。日本の精神は5セッション、華僑商法である「孫子の兵法」は3セッションが本来だが、パイロットプログラムでは、その一部を抜き出して要約している。

直ぐに三森から返事が届き、この内容で早速、パイロットを実施することになった。こうして三森らは山下塾の支部を日本ITCソリューション社内に立ち上げ、順調にその回を重ねていった。第1回目のパイロットプログラムが終了した段階で支部からは、選抜した2人を山下塾へ塾生として送り出すことになった。その後、正式に1年間のプログラムが立ち上がり、一巡のサイクルを3年とした社内大学院を設立することになった。

佐々木はその後、香港に転勤となり家族も連れて赴任した。彼は毎週土曜日には、どんなことがあっても山下塾にスカイプから参加し、勉強を欠かさなかった。香港駐在は、あっという間に3年が過ぎ、一度は日本に戻ることになった。だが佐々木の次の仕事場はベトナムであった。

（完）

【解説】

今回のポイントは山下塾の講義の仕方だ。講師が塾長に教えるような形で、講義というよりは終始議論をしているというイメージだ。そうすることによって塾生に対しても、参加しやすくし、議論の内容についての理解を深められるようにしている。講義のレベルもアジア一を目指しており、そのために塾生が事前に勉強できるような環境を Facebook 上に作っている。

作中では三森は、山下塾はレベルが高すぎて直接人材を送り込めないので、その支部を企業の中に立ち上げている。３カ月ごとに、その参加者の中からレベルが高い人材を山下塾に送るような仕組みを作った。

こうした仕組みは実は、江戸時代の藩校と同じシステムである。かつての日本には、山下塾のような藩校と私塾が数え切れないほどあったようだ。それが明治維新になり、西洋の教育システムが輸入されると、そうした私塾はほとんど姿を消してしまった。それと共に、漢学を素養とした人格形成の場も徐々に失われて行ってしまったようだ。そして戦後、ＧＨＱが近代史の教育を排除したことにより、日本人の精神は全く失われていく。木元塾頭は、この山下塾で、かつての人材育成の場を復活させようとしている。

あとがき

この小説は中国人との長い付き合いの経験をいかに日本人に伝えようという考えで書いた。そのため、日本人がどう中国人との関係をよくしているためにはどうするかということに終始した。実はそれが「孫子の兵法」の真髄である。戦うことではない。勝つことなのだ。攻めることではない。敵を受け入れることなのだ。それは儒学で言うところの「仁」である。

論語に「智の人は惑わず、仁の人は憂えず、勇の人は懼《おそ》れず」という言葉があるが、知者は物事を見通すことができるので迷わない、仁者は相手の立場に立って思いやりがあるから憂えない、勇者は決断力を持っているので恐れないという意味だ。これを儒学では三徳と言っている。

こうした考えを今の日本人は持っていない。今あらためて、日本人とは何かを考え、日本人としてのアイデンティティを見つめ直す必要がある。そうして初めて、中国人とのビジネスを進めていくことができるのではないだろうか。この小説では日本人と中国人がどう戦っていけばいいのかをその目的にしている。ぜひこの本を参考にしてアジアでのビジネス展開をうまく進めていただきたい。

海野惠一

【筆者プロフィール】
〔略歴〕2001年　アクセンチュア　代表取締役
2004年　スウィングバイ株式会社　代表取締役社長
2004年　天津日中「大学」院　理事
2007年　大連市星海友誼賞受賞
〔著書〕本社も経理も中国へ　ダイヤモンド社
これからの対中国ビジネス　株式会社　日中出版
2020年、日本はアジアのリーダーになれるか　株式会社　ファーストプレス
日本企業はアジアのリーダーになれるのか？　株式会社　ファーストプレス
スウィングバイ株式会社
代表取締役社長　海野　恵一
〒108-0023　東京都港区芝浦4丁目2－22東京ベイイビュウ803号
Tel：080-9558-4352 Fax：03-3452-6690
E-mail：clyde.unno@swingby.jp
Facebook：https://www.facebook.com/clyde.unno
海野塾：https://www.facebook.com　teamswingby
Blog：http://blog.swingby.jp/

The Global Leader
日本企業は中国企業にアジアで勝てるのか？

2017年2月5日　第1刷発行

◉著　者　海野 恵一
◉発行者　奥村 文泰
◉発行所　株式会社　日本ビジネスプラン
〒114-0005　東京都北区栄町1-1
電話　03-5390-7673
FAX　03-5390-7674

装丁・デザイン　株式会社　オクムラグラフィックアーツ
印刷・製本　奥村印刷株式会社

ISBN 978-4-86114-476-9